T0207747

essentials

essentials liefern aktuelles Wissen in konzentrierter Form. Die Essenz dessen, worauf es als „State-of-the-Art" in der gegenwärtigen Fachdiskussion oder in der Praxis ankommt. *essentials* informieren schnell, unkompliziert und verständlich

- als Einführung in ein aktuelles Thema aus Ihrem Fachgebiet
- als Einstieg in ein für Sie noch unbekanntes Themenfeld
- als Einblick, um zum Thema mitreden zu können

Die Bücher in elektronischer und gedruckter Form bringen das Fachwissen von Springerautorinnen kompakt zur Darstellung. Sie sind besonders für die Nutzung als eBook auf Tablet-PCs, eBook-Readern und Smartphones geeignet. *essentials* sind Wissensbausteine aus den Wirtschafts-, Sozial- und Geisteswissenschaften, aus Technik und Naturwissenschaften sowie aus Medizin, Psychologie und Gesundheitsberufen. Von renommierten Autorinnen aller Springer-Verlagsmarken.

Silvio Andrae

Ökonometrie und maschinelles Lernen

Basiswissen für Ökonomen

Silvio Andrae
Berlin, Deutschland

ISSN 2197-6708   ISSN 2197-6716   (electronic)
essentials
ISBN 978-3-658-41361-3   ISBN 978-3-658-41362-0   (eBook)
https://doi.org/10.1007/978-3-658-41362-0

Die Deutsche Nationalbibliothek verzeichnet diese Publikation in der Deutschen Nationalbibliografie; detaillierte bibliografische Daten sind im Internet über http://dnb.d-nb.de abrufbar.

Planung/Lektorat: Isabella Hanser
Springer Gabler ist ein Imprint der eingetragenen Gesellschaft Springer Fachmedien Wiesbaden GmbH und ist ein Teil von Springer Nature.
Die Anschrift der Gesellschaft ist: Abraham-Lincoln-Str. 46, 65189 Wiesbaden, Germany

Was Sie in diesem *essentials* finden können

- Basiswissen zu wesentlichen Techniken des maschinellen Lernens
- Eine Phasenschema für das maschinelle Lernen, um die Unterschiede zur Ökonometrie zu verstehen
- Verschiedene Anwendungsbereiche des maschinellen Lernens

Dr. Silvio Andrae ist als Projektmanager, Business Coach und Lehrbeauftragter tätig.

Inhaltsverzeichnis

Abkürzungsverzeichnis

ABM	Agent-Based Modeling
AI	Artificial Intelligence
ANN	Artificial Neural Network
BD	Big Data
BLUE	Best Linear Unbiased Estimator
DL	Deep Learning
DRL	Deep Reinforcement Learning
DSGE	Dynamic Stochastic General Equilibrium
DT	Decision Trees
KI	Künstliche Intelligenz
IMF	International Monetary Fund
MAE	Mean Absolute Error
ML	Machine Learning
MDA	Mean Decrease Accuracy
MDI	Mean Decrease Impurity
MDP	Markov Decision Process
MSE	Mean Squared Error
PCA	Principal Component Analysis
RF	Random Forest
RL	Reinforcement Learning
RMSE	Root Mean Squared Error
SML	Supervised Machine Learning
SLT	Statistical Learning Theory
SVM	Support Vector Machine
UML	Unsupervised Machine Learning
XAI	Explainable Artificial Intelligence

Abbildungsverzeichnis

Einleitung 1

Im Allgemeinen werden in der Ökonometrie statistische Methoden auf Grundlage von Wirtschafts- und Finanzdaten angewendet, um tatsächliche wirtschaftliche Zusammenhänge empirisch zu erfassen. Die Darstellung erfolgt durch mathematische Funktionen mit numerisch festgelegten Werten der Parameter oder Koeffizienten. In der Praxis kommt als statistische Methode am häufigsten das sogenannte multivariate lineare Regressionsmodell zum Einsatz. Nach Einschätzung von López de Prado ist das darauf zurückzuführen, dass Wirtschaftsdaten meist in numerischer und zahlenmäßig kleiner Form vorkommen.[1] Die Ökonometrie dient darüber hinaus auch dem empirischen Testen von Hypothesen und Modellen. Wenn diese Tests vollzogen sind, kann die ökonometrische Analyse für Prognosen oder Simulationen verwendet werden. Auf der Basis von historischen Datenreihen können Wirtschaftswissenschaftler zum Beispiel eine Prognose zum künftigen Wirtschaftswachstum oder zur Inflationsrate abgeben. Der Kanon der Ökonometrie wird am besten durch den Inhalt der vielen Standardlehrbücher für Ökonometrie veranschaulicht.[2]

Die Präzision der Prognosen hängt davon an, ob sich die historische Entwicklung einzelner (Modell-)Variablen in die Zukunft projizieren lassen. Beschränkungen in den Daten ziehen relativ eingeschränkte Spezifikationen nach sich. Dies gilt vor für makro- und mikroökonomische Anwendungen, bei denen die Datenmengen von Natur aus begrenzt sind. Beispielsweise verfolgen Ökonomen seit vielen Jahrzehnten jeden Monat die makroökonomischen Daten für eine Vielzahl verschiedener Länder. Aber die meisten dieser Datenpunkte sind stark voneinander abhängig. Die tatsächliche Menge an Informationen, die vorliegen, ist also ziemlich gering. Die Statistiker McDonald und Shalizi befassen sich mit den

---

[1] Vgl. López de Prado (2019).

[2] Vgl. Davidson und MacKinnon (2004), Greene (2012) oder Wooldridge (2010).

© Der/die Autor(en), exklusiv lizenziert an Springer Fachmedien Wiesbaden GmbH, ein Teil von Springer Nature 2023
S. Andrae, *Ökonometrie und maschinelles Lernen*, essentials,
https://doi.org/10.1007/978-3-658-41362-0_1

sogenannten dynamischen Gleichgewichtsmodellen (DSGE), die seit Jahren zum Standard der Makroökonomen gehören. In einer jüngst veröffentlichten Studie simulieren sie die populärsten Modelle und stellen fest, dass es selbst bei exakt richtigen Annahmen Tausende von Jahren an Daten benötigen würde, um die richtigen Parameterwerte zu ermitteln. Die beiden Autoren gehen noch einen Schritt weiter: sie versuchen, die DSGE-Modelle an unsinnige Daten anzupassen. Sie ersetzen die Arbeitslosigkeit durch den Konsum, den Konsum durch die Produktivität usw. Sie stellen im Ergebnis fest, dass DSGE-Modelle mit diesen Daten genauso gut – oder in einigen Fällen sogar besser – übereinstimmen wie mit den Daten der realen Wirtschaft. Welche Schlussfolgerung lässt sich ziehen: Jede scheinbare Übereinstimmung zwischen diesen makroökonomischen Modellen und den empirischen Daten scheint eine Illusion.[3]

In den letzten Jahren hat sich die Menge und die Granularität der Wirtschaftsdaten wesentlich verbessert. Die gute Nachricht ist, dass die Explosion von administrativen, privatwirtschaftlichen und mikroökonomischen Datensätzen einen veränderten Einblick in das Innenleben der Wirtschaft bietet. Die schlechte Nachricht ist, dass diese Datensätze das ökonometrische Instrumentarium vor einige Herausforderungen stellen:

1. Bei den interessantesten Datensätzen handelt es sich um unstrukturierte Daten (z. B. Video- und Audiodateien, Texte und Bilder). Diese Form ermöglicht Computern keinen direkten systematischen Zugriff auf bestimmte Informationsinhalte.
2. Die Datensätze sind hochdimensional. Die Anzahl der beteiligten Variablen übersteigt oft bei weitem die Anzahl der Beobachtungen. Eine deterministische Antwort ist damit nicht möglich.
3. Viele dieser Datensätze basieren auf einer spärlichen Menge an Signalen. Assoziationsbegriffe wie die Korrelation funktionieren in diesem Fall nicht gut.
4. In diesen Datensätzen sind wichtige Informationen über Akteursnetzwerke, Anreize und das Gesamtverhalten von Personengruppen enthalten.

Wirtschaftswissenschaftler können angesichts dieser Herausforderungen nur begrenzt mit Regressionsmodellen und anderen linearen algebraischen oder geometrischen Ansätzen arbeiten. Die traditionellen statistischen Techniken scheinen zu rudimentär, um komplexe (z. B. nichtlineare und interaktive) Zusammenhänge

---

[3] Vgl. McDonald und Shalizi (2022).

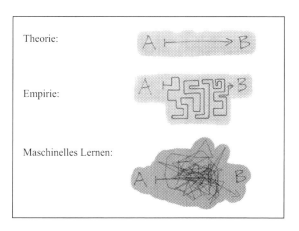

Abb. 1.1 Maschinelles Lernen als künstliche Generierung von Wissen. (Eigene Darstellung)

zwischen Variablen zu modellieren. Eine nichtlineare Beziehung gibt es beispielsweise zwischen der Staatsverschuldung und der Einkommensungleichheit.

Algorithmen des maschinellen Lernens können hier ein Lösungsansatz sein. Maschinelles Lernen (ML) ist alles andere als neu. Es handelt sich um einen Zweig der Künstlichen Intelligenz (KI). Algorithmen werden verwendet, um aus Daten zu lernen und Vorhersagen oder Entscheidungen zu treffen, ohne explizit für die Durchführung der Aufgabe programmiert zu werden. Die Abb. 1.1 visualisiert die Unterschiede zwischen Theorie, Empirie und maschinellem Lernen.

ML-Techniken scheinen besser geeignet, um die Herausforderungen neuer Wirtschafts- und Finanzdatenquellen zu bewältigen. Die beschleunigte Verbreitung dieser Techniken ist vor allem auf die bemerkenswerten Vorhersagefähigkeiten zurückzuführen. Wenn beispielsweise Zentralbanken und Steuerbehörden wissen, wann eine Rezession eintritt, könnten sie wirksamer und schneller geld- und steuerpolitische Maßnahmen ergreifen und so die Auswirkungen von Konjunkturzyklen abmildern.

Bisher entwickelten sich beide Fachgebiete vielfach parallel.[4] Immer mehr Wirtschaftswissenschaftler interessieren sich für ML-Algorithmen und datengesteuerte Techniken in der angewandten Ökonomie und Ökonometrie, auch wenn der Zweck und Umfang noch unterschiedlich sind. Während sich die Ökonometrie

---

[4] Vgl. Charpentier et al. (2018).

im Allgemeinen auf Erklärungen konzentriert und mehr an kausalen Schlussfolgerungen interessiert ist, konzentriert sich ML mehr auf Vorhersagen. Die
Ökonometrie hat einen Fundus an Erkenntnissen zu Themen wie Kausalschluss
und Effizienz entwickelt. Beim Kausalschluss handelt es sich um eine formale,
mathematische Methode, um festzustellen, ob eine Variable eine andere beeinflusst. Diese Techniken sind noch nicht in das allgemeine ML eingeflossen.
Andere Teile des ML weisen hingegen Überschneidungen mit Methoden auf, die
in den Wirtschafts- und Sozialwissenschaften seit vielen Jahrzehnten verwendet
werden.

Ziel des *essentials* soll es sein, grundlegendes ML-Wissen für Ökonomen darzustellen und zu zeigen, wie ML ökonometrische Analysen ergänzen kann. Der
Bereich „Big Data" (BD) könnte eine Möglichkeit sein, Verbindungen zwischen
den beiden Techniken herzustellen. Es wird dafür plädiert, dass sich Wirtschaftswissenschaftler verstärkt mit den ML-Techniken vertraut machen sollten.
Studierende der Wirtschaftswissenschaften sollten – zusätzlich zur Ausbildung in
der Ökonometrie – Kurse in Datenwissenschaften belegen. Das ist der Ort, wo
ML-Wissen im Allgemeinen übermittelt wird.

Das Buch ist wie folgt aufgebaut: Zunächst werden wesentliche ML-Techniken
des überwachten und unüberwachten Lernens sowie des Verstärkungslernens vorgestellt. (Kap. 2). Die Algorithmen des vertiefenden Lernens (Deep Learning
oder künstliche neuronale Netze) sind nicht mehr Gegenstand der Publikation.
Anschließend werden anhand eines einfachen Phasenschemas die wesentlichen
Unterschiede zur Ökonometrie herausgearbeitet (Kap. 3). Schließlich werden
wichtige ML-Anwendungsbereiche im Bereich der Wirtschaftswissenschaften
präsentiert (Kap. 3). Das Buch endet mit einem Fazit.

Grundlagen des maschinellen Lernens 2

Die populäre ML-Definition geht auf Mitchell zurück: Ein Computerprogramm lernt aus Erfahrung in Bezug auf eine Klasse von Aufgaben. Es gibt ein Maß, um die Leistung zu messen, d. h. wenn sich Aufgaben mit der Erfahrung verbessern.[1] Eine Vielzahl von ML-Techniken sind in der Lage, verschiedene Aufgaben zu lösen (vgl. Abb. 2.1).[2] Die Techniken unterscheiden sich nicht nur in Bezug auf die Verarbeitungslogik, sondern auch hinsichtlich des Leistungsmaßes, das zur Bewertung des Systems verwendet wird. Schließlich gibt es Unterschiede bezogen auf die Art des Trainingssignals oder die Erfahrung, die in das ML-Modell einfließt.

Maschinelles Lernen basiert auf der statistischen Lerntheorie (SLT). Die SLT formalisiert ein Modell, das eine Vorhersage auf der Grundlage von Beobachtungen (d. h. Daten) trifft. Die ML-Technik automatisiert die Modellierung. Die Grundlage für SLT ist die multivariate Statistik und die Funktionsanalyse. Generell unterscheiden wir zwei Arten von Variablen:

- abhängige Variablen – sie werden als Ziele bezeichnet, und
- unabhängige Variablen – sie heißen „Features".

Die Definition der Variablen ist identisch wie in der statistischen Analyse. Es müssen Modelle erstellt und die Daten so verwendet werden, dass eine Verallgemeinerung möglich ist. Dennoch gibt es grundlegende Unterschiede (Box 1).

---

[1] Vgl. Mitchell (1997).

[2] Vgl. https://illustrated-machine-learning.github.io/. Die Website eröffnet mit Hilfe von prägnanten Illustrationen die konzeptionelle Welt des maschinellen Lernens.

© Der/die Autor(en), exklusiv lizenziert an Springer Fachmedien Wiesbaden GmbH, ein Teil von Springer Nature 2023
S. Andrae, *Ökonometrie und maschinelles Lernen*, essentials,
https://doi.org/10.1007/978-3-658-41362-0_2

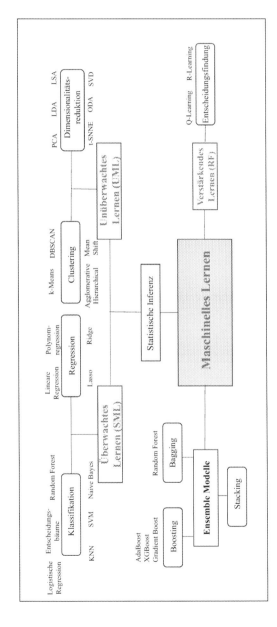

Abb. 2.1 Wichtige Modelle des maschinellen Lernens. (Quelle: Eigene Darstellung)

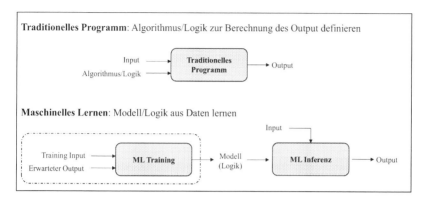

Abb. 2.2 Traditionelle Programme vs. maschinelles Lernen. (Quelle: Eigene Darstellung)

Box 1: Ökonometrie versus maschinelles Lernen
Um die Unterschiede zwischen Ökonometrie und ML zu erfassen, hilft die Unterscheidung zwischen der generativen und der prädiktiven Modellierung (vgl. Abb. 2.2).

Generative Modellierung: Die traditionelle Statistik bzw. Ökonometrie folgen der generativen Modellierung. Das zentrale Ziel besteht darin zu verstehen, wie ein Ergebnis (Output) mit den Eingaben (Input) zusammenhängt. Der Ökonometriker schlägt ein (stochastisches) Modell vor, das die Daten erzeugt haben könnte, und schätzt die Parameter des Modells anhand von niedrigdimensionalen Daten. Die generative Modellierung führt zu einfachen und interpretierbaren Modellen, lässt aber oft die Leistung außerhalb der Stichprobe außer Acht.

Prädiktive Modellierung: Maschinelles Lernen folgt der prädiktiven Modellierung. Das zentrale Ziel ist die Vorhersage des Ergebnisses für zukünftige Eingaben. Der Analyst betrachtet das zugrunde liegende Modell für die Daten als unbekannt. Er prüft die Vorhersagegenauigkeit alternativer Modelle für neue Daten. Ein ML-Algorithmus lernt komplexe Muster in einem hochdimensionalen Raum mit wenig menschlicher Anleitung zur Modellspezifikation. Maschinelles Lernen hat den grundlegenden Vorteil, dass eine Aufgabe nicht explizit programmiert werden muss, sondern gelernt werden kann.

Es ist zu empfehlen, die ML-Techniken aus einer probabilistischen Perspektive zu verwenden[3] (Murphy 2022). Vereinfacht bedeutet dies, dass alle unbekannten Größen (z. B. Vorhersagen über den zukünftigen Wert einer interessierenden Größe, wie z. B. die Inflation) als Zufallsvariablen behandelt werden. Die Variablen sind mit Wahrscheinlichkeitsverteilungen ausgestattet. Dieses Vorgehen ermöglicht es, anschlussfähig zur Ökonometrie zu sein. Athey und Imbens geben einen guten Überblick, welche ML-Techniken empirische Ökonomen kennen und welche in den Grundkursen für Ökonometrie behandelt werden sollten.[4] Im Folgenden werden die ML-Grundtechniken des überwachten, unüberwachten und des Verstärkungslernens vorgestellt.

2.1   Überwachtes Lernen

Die gebräuchlichste ML-Technik ist das überwachte Lernen (Supervised Learning, SML). Dieser Ansatz wird deshalb als überwachtes Lernen bezeichnet, da das interessierende Ergebnis a priori festgelegt wird. Der SML-Algorithmus verfolgt das Ziel zu lernen, wie man einen bestimmten Output angesichts eines Satzes von Input-Variablen vorhersagen kann.

Sowohl die Ökonometrie als auch das ML versuchen, eine Funktion zu definieren. In der SML wird nach Funktionen $f(X)$ gesucht, die einen Output (die abhängige Variable Y) in Abhängigkeit von einem Input (der erklärenden oder unabhängigen Variable X) vorhersagen. Großbuchstaben (z. B. X oder Y) bezeichnen Variablenvektoren. Kleinbuchstaben beziehen sich auf beobachtete Werte (z. B., x_i ist der i-te Wert von X).

- Die Input-Variablen x werden als Features, Kovariaten oder Prädiktoren bezeichnet. Sie können ein Ergebnis beeinflussen oder mit ihm in Zusammenhang stehen können. Häufig handelt es sich dabei um einen festdimensionalen Vektor von Zahlen. In diesem Fall ist $X = \mathbb{R}^D$, wobei D die Dimensionalität des Vektors ist (d. h. die Anzahl der Eingangs-Features).
- Die Ausgabe y wird auch als Label, Ziel oder Antwort bezeichnet.
- Die Erfahrung ist in Form einer Menge von N Eingabe-Ausgabe-Paaren $\mathcal{D} = \{(x_n, y_n)\}_{n=1}^{N}$ gegeben, die als Trainingsmenge bezeichnet wird.
- N ist die Stichprobengröße.

---

[3] Vgl. Murphy (2022).

[4] Vgl. Athey und Imbens (2019).

- Das Leistungsmaß hängt von der Art der Ausgabe ab, die vorhergesagt werden soll.

Im Fall eines linearen Modells gibt es also einen Eingabevektor (X). Es soll eine Vorhersage für die Ausgabe (Y), bezeichnet als $(\hat{Y})$, vornehmen

$$Y = f(X) = X^T \beta, \tag{2.1}$$

wobei X^T die Transponierung des Vektors und β der Vektor der Koeffizienten ist. Die Methode der kleinsten Quadrate (OLS) wird beispielhaft verwendet, um die Funktion $f(X)$ aus den Daten zu schätzen. Wir wählen die Koeffizienten β aus, um die Summe der quadrierten Residuen – eine von vielen möglichen Verlustfunktionen bei ML – aus Daten mit n Beobachtungen zu minimieren:

$$\sum_{i=1}^{n} \left[y_i - f(x_1) \right]^2. \tag{2.2}$$

Diese Strategie gewährleistet Schätzungen von β, um die beste Anpassung in der Stichprobe zu ergeben. Das muss aber nicht unbedingt die besten Vorhersagen außerhalb der Stichprobe (d. h. bei neuen Daten) sein. Die Ökonometrie verfolgt hingegen die Aufgabe, ein β für jeden Prädiktor zu schätzen.

Um dies zu erkennen, muss der Generalisierungsfehler des OLS-Modells, d. h. der erwartete Vorhersagefehler bei neuen Daten, ermittelt werden. Dieser Fehler umfasst zwei Komponenten: Verzerrung und Varianz:

- Ein Modell hat eine Verzerrung, wenn es Schätzungen des Ergebnisses produziert, die durchweg in eine bestimmte Richtung falsch sind.
- Ein Modell weist eine Varianz auf, wenn seine Schätzungen über Stichproben hinweg von den erwarteten Werten abweichen.

Die OLS-Technik minimiert den Fehler in der Stichprobe (Gl. 2.2), kann aber dennoch einen hohen Generalisierungsfehler aufweisen, wenn es Schätzungen mit hoher Varianz liefert. Um den Generalisierungsfehler zu minimieren, geht das SML einen Kompromiss zwischen Verzerrung und Varianz ein. Im Gegensatz zu OLS lässt die Methode Verzerrungen zu, um die Varianz zu reduzieren.[5]

Eine SML-Methode ist zum Beispiel die Minimierung

---

[5] Vgl. Athey und Imbens (2017).

$$\sum_{i=1}^{n}\left[y_i - f(x_1)\right]^2 + \lambda R(f), \qquad (2.3)$$

d. h. Fehler in der Stichprobe plus der Regularisierung $R(f)$ (vgl. Abschn. 3.3). Es handelt sich um einen Term, der die Varianz der Schätzung bei Vorhersagen außerhalb der Stichprobe bestraft.[6] Eine wichtige Entscheidung ist die Wahl von λ, das die Relation für die Varianz festlegt. Bei OLS wird diese auf Null gesetzt. Bei SML-Methoden wird die Relation anhand der Daten bestimmt.

Ein Algorithmus wird mit einem Satz von Trainingsdaten gefüttert. Dieser Datensatz enthält die Input-Output-Paare und die Markierungen für die Beobachtungen. Das Ziel besteht darin, einzelne Datenpunkte zu klassifizieren, indem unter mehreren Klassen (d. h. Kategorien von Beobachtungen) diejenige identifiziert wird, zu der eine neue Beobachtung gehört. Dies wird aus der Analyse einer Stichprobe vergangener Beobachtungen (dem Trainingsdatensatz) abgeleitet, für den die Gruppe (Kategorie) bekannt ist. Ziel des Algorithmus ist die Vorhersage der Kategorie einer neuen Beobachtung in Abhängigkeit von ihren unabhängigen Variablen. Zum Beispiel wird der Algorithmus eingesetzt, um die Genehmigung eines neuen Kredits vorherzusagen („ja" oder „nein", je nach seinen Features und im Vergleich mit einem beobachteten historischen Datensatz von genehmigten oder abgelehnten Krediten).

Beim SML-Algorithmus soll also bei einem ausreichend großen Datensatz festgestellt werden, welche Variablenkombinationen mit den gewünschten Ergebnissen verbunden sind. Beim SML wird der gesamte Datensatz – einschließlich Ein- und Ausgabe zunächst – in einen Trainings- und einen Testsatz unterteilt. Ein typischer Ansatz wäre, 80 % der Daten nach dem Zufallsprinzip der Trainingsmenge zuzuordnen, während die verbleibenden Daten (20 %) die Testmenge bilden. Die SML-Algorithmen lernen aus den Trainingssätzen und entwickeln anschließend einen Algorithmus zur Vorhersage der Ausgabe auf der Grundlage einer gegebenen Eingabe. Die Genauigkeit dieses Algorithmus kann dann anhand des Testsatzes bewertet werden. Beim SML gibt es zu jedem Trainingsbeispiel ein aktives Feedback. Das Feedback holt sich der Algorithmus selbständig aus den Trainingsdaten. Dafür müssen die Trainingsdaten so beschaffen sein, dass zu jedem Datenpunkt die richtige Antwort bekannt ist. Der Testsatz sollte keine Daten enthalten, die zur Entwicklung des Algorithmus im Trainingssatz verwendet wurden. Die Daten werden in die beiden Sätze geteilt, um eine ordnungsgemäße Validierung des Algorithmus zu gewährleisten (vgl. Abschn. 3.3).

---

[6] Vgl. Mullainathan und Spiess (2017).

Ein klassisches Beispiel für SML ist das Trainieren von Regressions- oder Klassifikationsmodellen. Beim SML wird die Vorhersageaufgabe „Klassifikation" genannt, wenn die Ausgabe diskret ist. Sie heißt hingegen „Regression", wenn sie kontinuierlich ist. Man kann verschiedene Klassen von Funktionen betrachten, z. B. lineare Modelle, Entscheidungsbäume oder neuronale Netze. Letztgenannte spielen in diesen *essentials* keine Rolle.

a) Regression
Eine Regression besteht dann, wenn reellwertige Größen vorhergesagt werden sollen. Lässt sich eine Aufgabe als Vorhersage einer Zahl formulieren (z. B. die Vorhersage des Wirtschaftswachstums) oder um Trends zu identifizieren, so werden Regressionsmodelle eingesetzt. Bei der Regression besteht das Ziel darin, eine abhängige Variable basierend auf einem oder mehreren Eingabemerkmalen (unabhängige Variablen) vorherzusagen. Regressionsalgorithmen sind dazu da, um die Beziehung zwischen den Eingaben und der Ausgabe zu modellieren. Die Vorhersagen werden auf der Grundlage dieser Beziehung getroffen.

Beispiel: Es soll der Preis einer Immobilie vorhergesagt werden. Maßgeblich dafür sind der Standort, die Größe des Hauses und die Ausstattungsmerkmale (unabhängige Variablen). Der Immobilienpreis ist die abhängige Variable. Das Modell wird mit Eingabedaten trainiert. Sie bestehen aus den Merkmalen vieler Immobilien und deren Preisen. Auf der Grundlage des Modelltrainings können dann Vorhersagen zum Preis einer Immobilie in Abhängigkeit vom Standort, der Größe der Immobilie und den Ausstattungsmerkmalen getroffen werden.

Es gibt eine Vielzahl von Regressionsalgorithmen. Der Einsatz hängt von der Anzahl der Parameter ab (z. B. der Anzahl der Variablen oder dem Muster der Trendlinie).

Lineare Regression Ein lineares Regressionsmodell sagt das Ziel als gewichtete Summe des Variablen-Inputs voraus. Lineare Modelle können verwendet werden, um die Abhängigkeit eines Regressionsziels y von einigen Features x abzubilden. Die Beziehung zwischen den Features und der Zielvariablen werden so modelliert, indem eine Linie an die Daten angepasst wird. Die gelernten Beziehungen sind linear und können wie folgt geschrieben werden:

$$y = \beta_0 + \beta_1 x_1 + \ldots + \beta_p x_p + \varepsilon \qquad (2.4)$$

Das vorhergesagte Ergebnis ist eine gewichtete Summe ihrer p-Variablen. Die β stellen die gelernten Variablengewichte oder -koeffizienten dar. Das erste Gewicht in der Summe wird als Konstante bezeichnet und nicht mit einer Variablen multipliziert. Das ε ist der Fehler, d. h. die Differenz zwischen der Vorhersage und dem tatsächlichen Ergebnis. Es wird angenommen, dass die Ausgabeverteilung gauß- oder normalverteilt ist. Das bedeutet, dass sowohl in negativer als auch in positiver Richtung Fehler gemacht bzw. dass viele kleine Fehler und wenige große Fehler machen (vgl. Abb. 2.3).

Ridge-Regression Bei der Ridge-Regression handelt es sich um ein lineares Modell, das eine Überanpassung in der linearen Regression behandelt. Man spricht auch von der regularisierten Version der linearen Regression. Der Kostenfunktion wird ein Strafterm zugewiesen. Auf diese Weise soll die Komplexität des Modells vermindert werden.

Polynom-Regression Bei der Polynom-Regression handelt es sich um ein nichtlineares Modell, d. h. die Beziehungen zwischen den Features und den Zielvariablen sind nicht linear. Dafür werden dem linearen Modell Terme höherer Ordnung

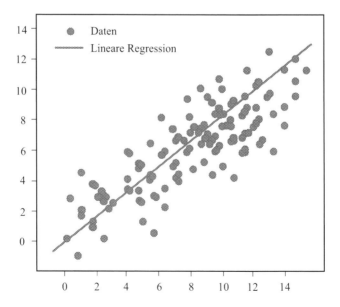

Abb. 2.3 Lineare Regression. (Quelle: Eigene Darstellung)

zugewiesen. Diese Regression kommt zum Einsatz, um eine Kurve an die Daten anzupassen.

b) Klassifikation

Die Grundidee der Klassifikation besteht darin, die Bezeichnung der Eingabedaten durch eine Funktion zu bestimmen. Alle Fragen mit einer festen Anzahl an Antworten lassen sich als Klassifikationsproblem in Form von „Wahr-Falsch" formulieren, z. B. ob ein Kunde einen Vertrag kündigen wird. Bei Klassifizierungsproblemen ist der Ausgaberaum eine Menge von ungeordneten und sich gegenseitig ausschließenden Bezeichnungen, die als Klassen bezeichnet werden. Das Problem der Vorhersage der Klassenbezeichnung bei einer Eingabe wird auch als Mustererkennung bezeichnet.

Es gibt viele maschinelle Lernklassifikatoren, die Klassifizierungsaufgaben bewältigen können.

Logistische Regression Bei der logistischen Regression handelt es sich um ein lineares Modell. Es wird für die binäre Klassifizierung verwendet (d. h. es gibt nur zwei Klassen). Die logistische Regression modelliert die Wahrscheinlichkeiten für Klassifizierungsprobleme mit zwei möglichen Ergebnissen. Logistische Regression ermöglicht, die besten Koeffizienten (Gewichte) zu finden, wobei der Fehler zwischen der vorhergesagten Wahrscheinlichkeit und dem beobachteten Ergebnis minimiert wird. Mit anderen Worten: Anstelle der Anpassung einer geraden Linie oder Hyperebene verwendet diese Modell die logistische Funktion, um die Ausgabe einer linearen Gleichung zwischen 0 und 1 zu „quetschen". Die logistische Funktion ist definiert als:

$$\text{logistic}(\eta) = \frac{1}{1 + exp(-\eta)} \tag{2.5}$$

Bei einer Wahrscheinlichkeit von mehr als 0,5 wird der Wert Eins zugewiesen, bei weniger liegt der Wert bei Null. Die Einbeziehung zusätzlicher Punkte hat keinen wirklichen Einfluss auf die geschätzte Kurve (vgl. Abb. 2.4).

Entscheidungsbäume Lineare und logistische Regressionsmodelle versagen in Situationen, in denen die Beziehung zwischen Variablen und Ergebnis nichtlinear ist oder in denen Merkmale miteinander interagieren. Der Entscheidungsbaum wird so genannt, weil er die Form eines Baumes hat und für die Entscheidungsfindung verwendet werden kann. Entscheidungsbäume kommen für die binäre als auch für die mehrklassige Klassifizierung zum Einsatz. Entscheidungsbäume haben zudem

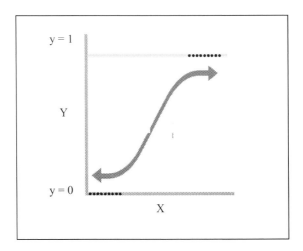

Abb. 2.4 Logistische Regression. (Quelle: Eigene Darstellung)

den Vorteil, dass sie einfach sind und mit anderen Modellen kombiniert werden können.

Baumbasierte Modelle teilen die Daten entsprechend bestimmter Grenzwerte in den Variablen mehrfach auf. Das Modell lernt, wie es die Zufälligkeit am besten reduziert. Es erstellt einen Entscheidungsbaum, der zur Vorhersage der Kategorie eines Elements auf der Grundlage der Beantwortung einer Auswahl von Fragen verwendet werden kann. Durch die Aufteilung werden verschiedene Teilmengen des Datensatzes erstellt, wobei jede Instanz zu einer Teilmenge gehört. Die endgültigen Teilmengen werden als Endknoten oder Blattknoten bezeichnet; die dazwischen liegenden Teilmengen sind die internen Knoten oder Splitknoten. Zur Vorhersage des Ergebnisses in jedem Blattknoten wird das durchschnittliche Ergebnis der Trainingsdaten in diesem Knoten verwendet.

Es gibt verschiedene Algorithmen, die einen Baum wachsen lassen können. Sie unterscheiden sich in der möglichen Struktur des Baums (z. B. Anzahl der Teilungen pro Knoten), den Kriterien, wie die Teilungen gefunden werden, wann die Teilung beendet wird und wie die einfachen Modelle innerhalb der Blattknoten geschätzt werden. Der Algorithmus CART ist der wohl bekannteste Algorithmus für die Bauminduktion. Andere Algorithmen sind beispielsweise ID3 oder C4.5.

Die folgende Formel beschreibt die Beziehung zwischen dem Ergebnis y und den Variablen x:

$$\hat{y} = f(x) = \sum_{m=1}^{M} c_m I\{x \in R_m\} \tag{2.6}$$

Jede Instanz fällt in genau einen Blattknoten. I ist die Identitätsfunktion, die Eins zurückgibt, wenn x in der Teilmenge R_m liegt, und ansonsten Null. Fällt eine Instanz in einen Blattknoten R, ist das vorhergesagte Ergebnis y_c, wobei c der Durchschnitt aller Trainingsinstanzen im Blattknoten ist.

Aber woher kommen die Teilmengen? CART nimmt ein Merkmal und bestimmt, welcher Abschneidepunkt die Varianz von y für eine Regressionsaufgabe oder den Gini-Index der Klassenverteilung von y für Klassifikationsaufgaben minimiert.

- Die Varianz gibt an, wie stark die y-Werte in einem Knoten um ihren Mittelwert herum verteilt sind.
- Der Gini-Index sagt, wie „unrein" ein Knoten ist. Wenn beispielsweise alle Klassen die gleiche Häufigkeit haben, ist der Knoten unrein.

Die Varianz und der Gini-Index werden minimiert, wenn die Datenpunkte in den Knoten sehr ähnliche Werte für y haben. Folglich sorgt der beste Abschneidepunkt dafür, dass sich die beiden resultierenden Teilmengen in Bezug auf das Zielergebnis so weit wie möglich unterscheiden (vgl. Abb. 2.5).

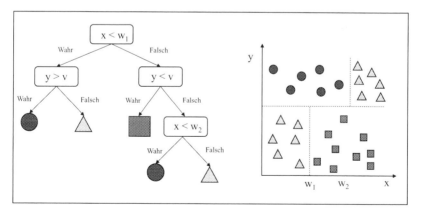

Abb. 2.5 Entscheidungsbaum. (Quelle: Aunkofer 2017)

Random Forest (RF) Bei dieser Methode handelt es sich um einen der beliebtesten und erfolgreichsten Algorithmen des SML, bei der eine bestimmte Menge von verschiedenen Lernalgorithmen verwendet wird. Man spricht auch von einer Ensemblemethode. Ziel ist es, bessere Ergebnisse zu erhalten als nur mit einem einzelnen Lernalgorithmus. Obwohl es keinen einzelnen Algorithmus gibt, der in allen Anwendungen dominiert („no free lunch theorem"), schneiden RF neben der Klassifizierung auch bei der Regression und der Clusteranalyse erfolgreich ab. Die Technik benötigt oft weniger Zeit und Aufwand für das Training als die meisten Alternativen.

Ein RF-Algorithmus funktioniert ähnlich wie ein Entscheidungsbaum. Der Unterschied besteht darin, dass RF mehrere Entscheidungsbäume verwendet. Damit können stabilere Vorhersagen getroffen werden. Das Vorgehen verringert auf diese Weise die Überanpassung, da die Vorhersagen der einzelnen Bäume gemittelt werden (vgl. Abschn. 3.3). Im Ergebnis wird dadurch die Varianz im Modell verringert.

Random Forests können mit einer Reihe verschiedener Prädiktoren (binär, kategorial, numerisch) umgehen. Der Algorithmus enthält implizit ein Element der Variablenauswahl. Er durchsucht automatisch eine breite Palette von Kovariaten und konzentriert sich auf diejenigen mit der größten Vorhersagekraft. Dabei kommt der Prozess der Mehrheitsabstimmung zur Anwendung. Die dann von den meisten Bäumen ausgewählte Klasse wird anschließend einem Element zugewiesen. Wenn beispielsweise zwei Bäume den Wert Null vorhersagen und ein Baum den Wert Eins, dann wird dem Element die Klasse Null zugewiesen (vgl. Abb. 2.6).

K-Nearest Neighbors K-Nearest Neighbors (KNN) ist eine nichtparametrische Methode. KNN hat Vorteile in Bezug auf die Einfachheit und die leichte Implementierung. Sie bietet Black-Box-Vorhersagen mit wenig Einblick in die Beziehung

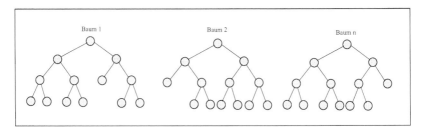

Abb. 2.6 Random Forest. (Quelle: Eigene Darstellung)

zwischen *X* und *Y*. Der Algorithmus kann numerische und auch kategoriale Daten verarbeiten. Bei der Klassifizierung ordnet KNN die häufigste Klasse der nächsten Nachbarn einer Instanz zu. Die Methode kann auch für die Regression verwendet werden, wo der Durchschnitt der Ergebnisse der Nachbarn verwendet wird.

Neue Fälle werden auf der Grundlage der Kategorie bzw. der Klasse der Datenpunkte klassifiziert, die dem neuen Datenpunkt am nächsten liegen. Die Methode beruht auf benutzerdefinierten Abständen Ein Datenpunkt wird basierend auf der Klasse seiner nächsten Nachbarn klassifiziert, ohne Annahmen über die zugrunde liegende Datenverteilung zu machen. Die nächsten Nachbarn werden durch Messung des Abstands mit Hilfe von Abstandsmaßen wie beispielsweise dem Euklidischen Abstand bestimmt, Die nächsten Nachbarn sind diejenigen, die den kürzesten Abstand haben. Wenn die meisten Nachbarn eines unbekannten Objekts der Klasse Eins angehören, dann wird diesem unbekannten Objekt die Klasse Eins zugewiesen. Die Anzahl der zu berücksichtigenden Nachbarn ist der zugewiesene Wert *k*. Die Anzahl der Nachbarn ist ein Regularisierungsfaktor (vgl. Abb. 2.7).

Support Vector Machine (SVM) Die Methode kann sowohl lineare als auch nichtlineare Probleme behandeln. Die Methode hat eine hohe Genauigkeit in der Klassifizierung. Schließlich kann sie in fast jeder Situation die optimale Lösung

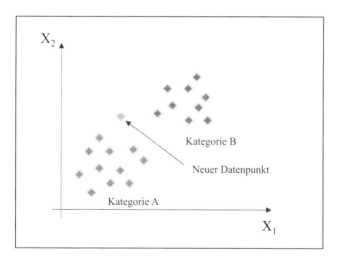

Abb. 2.7 K-Nearest Neighbor. (Quelle: Eigene Darstellung)

finden. SVM als nichtparametrische binäre Klassifizierungstechnik ist eine weit verbreitete Methode für die Vorhersage von Finanzzeitreihen (vgl. Abschn. 4.2).

Das SVM-Modell ist ein Zwei-Klassen-Modell. Die Grundidee besteht darin, die beste Segmentierungshyperebene im hochdimensionalen Merkmalsraum zu finden. Maximiert werden soll der Abstand zwischen den Punkten im Variablenraum und der Hyperebene. Die SVM-Technik teilt die Datenpunkte mit Hilfe einer Hyperebene, die eine gerade Linie ist. Die Punkte, die von der blauen Raute geliefert werden, bilden eine Klasse (links der Ebene in Abb. 2.8). Die grünen Punkte stellen eine andere Klasse dar (rechts der Ebene in Abb. 2.8). Wenn die Klasse eines neuen Punktes vorhergesagt werden soll, dann kann dieser dadurch bestimmt werden, ob er auf der linken oder rechten Seite der Hyperebene liegt und wo er sich innerhalb des Randes befindet. SVM nutzt die Idee der Dimensionserhöhung und transformiert die ursprünglichen niedrigdimensionalen Daten in einen höherdimensionalen Raum durch eine nichtlineare Abbildung. Durch den Normalenvektor ω und die Konstante b wird die Hyperebene eindeutig bestimmt, indem der Abstand zwischen der Richtung der Hyperebene und ihrem Ursprung definiert wird. Die Technik kann auf mehrklassige Klassifizierungen ausgedehnt werden. Der SVM-Algorithmus ist kaum von der Anzahl der Stichproben abhängig.

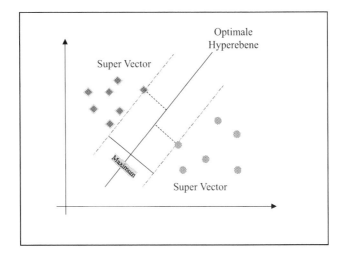

Abb. 2.8 Support Vector Machine. (Quelle: Eigene Darstellung)

Naïve Bayes Naive Bayes basiert auf dem Satz von Bayes: Die Wahrscheinlichkeit eines Ereignisses wird auf der Grundlage neuer Beweise aktualisiert. Der Naïve-Bayes-Klassifikator verwendet das Bayes'sche Theorem der bedingten Wahrscheinlichkeiten. Die bedingte Wahrscheinlichkeit bezieht sich darauf, dass ein Ergebnis eintritt, wenn ein anderes Ereignis eingetreten ist. Dieser Algorithmus sagt also die Wahrscheinlichkeit voraus, dass ein Element zu einer bestimmten Klasse gehört. Das Element wird dann der Klasse mit der höchsten Wahrscheinlichkeit zugeordnet.

Der Naïve-Bayes-Klassifikator berechnet die Klassenwahrscheinlichkeiten für jede Variable unabhängig, was einer starken (= naiven) Annahme der bedingten Unabhängigkeit der Merkmale entspricht. Obwohl diese Bedingung in den tatsächlichen Daten nur schwer zu erfüllen ist, ist Naïve Bayes dennoch sehr effektiv bei der Verarbeitung von Daten, auch wenn die Korrelation zwischen den Datenattributen hoch ist. Es ist einfach, einen Naïve-Bayes-Klassifikator zu trainieren. Er muss nicht wie andere ML-Algorithmen komplexe Algorithmen verwenden, um die optimale Lösung zu finden. Stattdessen wird der Trainingsdatensatz verwendet, um die Stichprobenverteilung der vorherigen Daten bei der Auswahl verschiedener Merkmale zu zählen (vgl. Abb. 2.9).

In der SML gibt es schließlich weitere Modellmittelungstechniken, um die Vorhersageleistung zu verbessern:

- Beim Bagging wird beispielsweise der Durchschnitt über Modelle gebildet, die anhand verschiedener Bootstrap-Stichproben geschätzt wurden.
- Beim Boosting (z. B. AdaBoost, XB Boosting) werden falsch klassifizierte Beobachtungen im Trainingssatz bei wiederholter Schätzung stärker gewichtet.

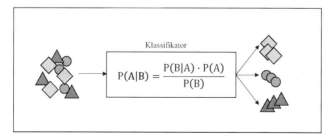

Abb. 2.9 Naïve Bayes. (Quelle: Eigene Darstellung)

2.2   Unüberwachtes Lernen

Die zweite ML-Gruppe ist das unüberwachte maschinelle Lernen (Unsupervised Machine Learning, UML). Wird beim SML davon ausgegangen, dass jede Eingabe x in der Trainingsmenge eine zugehörige Menge von Ausgabezielen y hat, untersuchen die UML-Techniken, wie Systeme eine Funktion zur Beschreibung einer verborgenen Struktur aus unmarkierten Daten ableiten können. Beim UML werden die Daten nicht im Voraus als Eingabe- oder Ausgabevariablen spezifiziert. Stattdessen erhält der UML-Algorithmus alle Variablen und hat die Aufgabe, selbstständig eine Struktur im gesamten Datensatz zu finden. Der Algorithmus muss die Cluster identifizieren, indem er die Beobachtungen, für die er ähnliche Merkmale oder Muster feststellt, neu gruppiert. Damit gibt es auch kein unmittelbares Maß für den Erfolg. Da es keine Grundwahrheit gibt, müssen Forschende der Modellüberprüfung besondere Aufmerksamkeit widmen und ihre Ergebnisse anhand statistischer, inhaltlicher oder externer Kriterien oder heuristischer Werkzeuge validieren. Schließlich zwingt das UML das Modell dazu, die hochdimensionalen Eingaben zu „erklären" und nicht nur die niedrigdimensionalen Ausgaben. Dadurch können umfassendere Modelle darüber lernen, wie die (Wirtschafts-)Welt funktioniert. Einige UML-Techniken unterteilen die Daten in Gruppen (z. B. Clusteranalyse oder latente Klassenanalyse); andere reduzieren die Dimensionalität der Daten (z. B. Hauptkomponentenanalyse oder Faktorenanalyse).

a) Clusteranalyse
Bei der Clusteranalyse werden Beobachtungen in eine bestimmte Anzahl von Clustern gruppiert: Die Beobachtungen bzw. Datenpunkte in einem Cluster sind einander ähnlicher als die Beobachtungen in anderen Clustern. Das Ziel besteht darin, die zugrundeliegenden Gruppen zu erkennen, die im granularen Datensatz existieren. Beispielsweise kann der Algorithmus Kundengruppen identifizieren, die vergleichbare Merkmale aufweisen. Die ähnlichsten Beobachtungen werden auf agglomerative Weise einem Cluster zugeordnet, d. h. schrittweise werden die bereits gebildeten Cluster zu immer größeren zusammengefasst werden, bis alle Beobachtungen einem Cluster angehören (Bottum-up).

K-Means-Clustering Das K-Means-Clustering verwendet Datenpunkte, deren Klasse noch nicht bekannt ist. Die Anzahl der Cluster wird durch den zugewiesenen Wert von K bestimmt. Beispiel: Es wird K = 3 zugewiesen. Dann werden drei Cluster nach dem Zufallsprinzip ausgewählt. Sie werden angepasst, bis sie sich deutlich voneinander unterscheiden. Bei eindeutigen Clustern gibt es Punkte, die

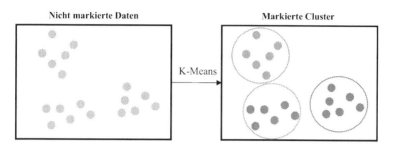

Abb. 2.10 K-Means. (Quelle: Eigene Darstellung)

einander ähnlich sind. Diese Punkte unterscheiden sich von den Punkten in einem anderen Cluster (vgl. Abb. 2.10).

Analyse latenter Klassen Bei dieser Technik werden latente Klassen von Beobachtungen entdeckt, die die Korrelationen in beobachteten kategorialen Eingaben erklären können. Auf diese Weise wird die Wahrscheinlichkeit der Klassenzugehörigkeit für jede Beobachtung geliefert.

b) Dimensionalitätsreduktion

Die Technik zur Reduktion der Datendimensionalität bezieht sich auf die Neuanordnung der ursprünglichen Informationen in einer geringeren Anzahl von Fächern. Die geschieht auf teilende Weise (Top-down). Das Ziel ist, dass die Anzahl der unabhängigen Variablen (deutlich) kleiner wird, ohne zu große Kompromisse in Bezug auf den Informationsverlust einzugehen. Methoden zur Dimensionsreduktion komprimieren also die Daten von einem hoch- in einen niedrigdimensionalen Raum.

Hauptkomponentenanalyse Die Hauptkomponentenanalyse (PCA) entdeckt eine kleine Anzahl von Linearkombinationen der Inputs, die nicht miteinander korreliert sind. Es erfasst auf diese Weise den größten Teil der Variabilität in den Daten. Diese Linearkombinationen (Hauptkomponenten) können als Inputs in nachfolgenden Analysen verwendet werden (z. B. in einer Regression zur Vorhersage eines Outputs).[7]

---

[7] Vgl. Tuan et al. (2023).

Faktorenanalyse Bei der Faktorenanalyse werden latente (unbeobachtete) Faktoren, die für die Korrelation der Inputs verantwortlich sind, entdeckt. Damit werden Faktorladungen für jeden Input geliefert, die zur Interpretation der Faktoren verwendet werden können.

2.3 Verstärkungslernen

Neben dem SML und dem SML gibt es noch eine dritte ML-Gruppe, das so genannte Verstärkungslernen (Reinforcement Learning, RL). Im Gegensatz zum SML bzw. UML benötigt RL keinen Trainingsdatensatz. Es ist eine Lernmethode zur Ermittlung optimaler Handlungen von Agenten, die mit ihrer Umgebung interagieren. Der Agent lernt durch eine Belohnungsfunktion auf Grundlage eines Feedbackmechanismus. Der Mechanismus teilt dem Algorithmus mit, ob der Agent das Richtige tut und versucht, automatisch das ideale Verhalten in einem bestimmten Kontext zu bestimmen. Der Unterschied zum SML besteht darin, dass dem System nicht gesagt wird, welche Aktion die Beste ist, d. h. welche Ausgabe es für eine bestimmte Eingabe produzieren soll. Stattdessen erhält das System lediglich ein gelegentliches Belohnungs- (oder Bestrafungs-) Signal als Reaktion auf die von ihm ausgeführten Aktionen.

RL-Algorithmen erzeugen Simulationsdaten, indem sie RL-Agenten aktiv mit der Umgebung interagieren lassen. Die simulierten Daten oder Lernerfahrungen werden zur Lösung des ausgewählten RL-Problems verwendet. Diese Kombination kann RL-Algorithmen mit mehr Möglichkeiten ausstatten, aus Daten zu lernen und zu verallgemeinern. Beispiel: Das SML kann keine Muster zwischen Marktinformationen und künftigen Preisbewegungen (z. B. Aktienkurse) aufdecken. Der RF-Algorithmus sucht nach der besten Handelsstrategie (Aktion), um das Gesamtvermögen (Belohnung) zu maximieren.

RL-Algorithmen können also aus nichtstationären, komplexen und sich verändernden Umgebungen lernen, was sie effizienter macht. Nichtstationär bedeutet, dass Daten einen Regimewechsel durchlaufen können, sodass ältere Daten für die Vorhersage weniger relevant sind. Trotz dieses Vorteils ist die Anwendung von RF in den Wirtschaftswissenschaften bisher begrenzt. Dies ist vor allem aufgrund der Schwierigkeiten bei der Modellierung der Umgebung, der Entwicklung optimaler Belohnungsfunktionen und der Lösung hochdimensionaler

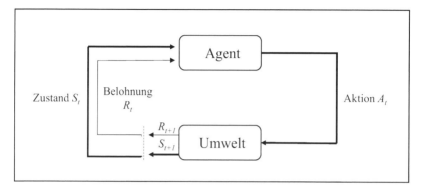

Abb. 2.11 Markov-Entscheidungsprozess beim Verstärkungslernen. (Quelle: Atashbar und Shi 2022, S. 6)

Wirtschaftsmodelle zurückzuführen. Allerdings gewinnen die RL-Modelle zunehmend in der Makroökonomie an Bedeutung.[8] RL-Modelle bestehen vor allem vor allem aus modellfreien Algorithmen. Sie benötigen kein explizites Modell der Umwelt. Daher werden sie auch als Erfahrungslernen oder Versuch-und-Irrtum-Lernalgorithmen bezeichnet. Modellbasierte Algorithmen erfordern im Gegensatz ein Modell der Umgebung. Ein klassisches Beispiel für einen modellbasierten Algorithmus, der in der Makroökonomie verwendet wird, ist die dynamische Programmierung. Die Wahrscheinlichkeiten von Zustandsübergängen sind hier vollständig bekannt.

Das RF umfasst eine Klasse von Algorithmen, die darauf abzielen, sogenannte Markov-Entscheidungsprozesse (MDPs) zu lösen. Bei einem MDP handelt sich um stochastische Prozesse, in denen Entscheidungen getroffen werden, deren Ergebnisse unsicher und teilweise zufällig sind und von einem Entscheidungsträger (teilweise) kontrolliert werden. Das zukünftige Verhalten hängt vom aktuellen Prozesszustand und der getroffenen Entscheidung ab. Ein MDP unterstützt einen Agenten, in jedem beliebigen Zustand die beste Entscheidung zu treffen, indem es die unmittelbaren und längerfristigen Belohnungen berücksichtigt (vgl. Abb. 2.11).[9]

In einer Volkswirtschaft ist zum Beispiel der repräsentative Haushalt ein RL-Agent. Der Zustand S könnte ein realisierter exogener Schock sein. R umfasst die verfügbaren Ressourcen des Agenten. Die Aktion A könnte die Entscheidung zur

---

[8] Vgl. Atashbar und Shi (2022).

[9] Vgl. Atashbar und Shi (2022).

Aufteilung von Konsum und Investition sein. Die Belohnung ist dann der Nutzen, der vom Konsumniveau abhängt. Die Art und Weise der Zustandsübergänge wird vom zugrunde liegenden Datengenerierungsprozess der Wirtschaft bestimmt.

Das Ziel eines RL-Agenten ist es, die optimale Politik (π^*) zu finden. Sie maximiert die Summe der Belohnungen, die durch die Wertfunktion approximiert wird.

$$\pi* = \underset{\pi}{\mathrm{argmax}}\ Q(s, a) \qquad (2.7)$$

Die Wertfunktion ist ein Zustands-Aktions-Paar, das angibt, wie gut es für den Agenten ist, sich in einem bestimmten Zustand zu befinden und eine bestimmte Aktion durchzuführen. Die Wertfunktion wird auch als Zustands-Aktions-Wertfunktion oder als Q-Funktion bezeichnet. Künstliche neuronale Netze (ANNs) können für solche Approximationen verwendet werden. Die Lösung von RL-Regeln kann sowohl tabellarische Methoden als auch Näherungsmethoden umfassen.[10]

Q-Learning Q-Learning ist ein modellfreier Lernalgorithmus. Der Agent muss nicht die aktuelle Strategie verfolgen, um zu lernen. Dies hat den Vorteil, dass der Agent verschiedene Strategien ausprobieren und diejenige finden kann, die zu den höchsten Belohnungen führt. Der Algorithmus funktioniert, indem er zunächst die Umgebung beobachtet und dann auf der Grundlage einer Reihe von Regeln eine Aktion auswählt. Der Agent erhält dann eine Belohnung, die sich nach der durchgeführten Aktion richtet. Der Agent nutzt diese Informationen, um die Regeln zu aktualisieren, die er für die Wahl seiner Aktionen verwendet.[11]

In diesem Abschnitt werden verschiedene Basistechniken des maschinellen Lernens vorgestellt. Sie alle kommen in abgestufter Form in den Wirtschaftswissenschaften zum Einsatz. Ein grundlegender Unterschied zwischen ML und Ökonometrie liegt in ihrer konzeptionellen Grundlage. Statistische Methoden sind in der Regel Top-Down-Ansätze: Es wird davon ausgegangen, dass das Modell bekannt ist, aus dem die Daten generiert wurden –eine Grundannahme von Techniken wie der linearen und logistischen Regression. Anschließend werden die unbekannten Parameter dieses Modells anhand der Daten geschätzt. Die Algorithmen der Ökonometrie werden hauptsächlich anhand der mathematischen Robustheit ihrer Basis bewertet. Der potenzielle Fallstrick besteht darin, dass die Verbindung

---

[10] Vgl. Atashbar und Shi (2022).

[11] Vgl. Atashbar und Shi (2022).

zwischen Input und Output vom Benutzer gewählt wird und zu einem suboptimalen, d. h. weniger genauen Vorhersagemodell führen kann, wenn die tatsächliche Input-Output-Beziehung durch das gewählte Modell nicht gut dargestellt wird.

Bei den ML-Methoden handelt es sich dagegen um Bottom-up-Ansätze. Es wird kein bestimmtes Modell vorausgesetzt. Vielmehr beginnt man mit den Daten. Ein Algorithmus entwickelt ein Modell mit Vorhersage als Hauptziel. Beim ML ist die Mathematik natürlich nicht abwesend. Sie ist erforderlich, um das Verhalten des Algorithmus zu erklären und nicht, um seine Zuverlässigkeit und attraktiven Eigenschaften zu demonstrieren. Die daraus resultierenden Modelle sind oft komplex. Einige Parameter können nicht direkt aus den Daten geschätzt werden. Stattdessen werden sie entweder aus einschlägigen früheren Studien ausgewählt oder während des Trainings angepasst, um die beste Vorhersage zu erzielen. Die Algorithmen werden hauptsächlich anhand ihrer empirischen Wirksamkeit bewertet.

Box 2: Fünf Literaturtipps

DeGroot und Schervish (2012). Die Grundlagen des maschinellen Lernens sind Wahrscheinlichkeit und Statistik. Dieses Buch bietet eine gute Zusammenfassung. Es enthält eine Vielzahl von Beispielen mit realen Daten.

Hill et al. (2018). Die Regression ist das grundlegendste parametrische Modell des maschinellen Lernens. Die Beherrschung dieses Modells ist der beste Weg, um ein Gespür für die Annahmen zu bekommen, die ein maschinelles Lernmodell benötigt, um zu funktionieren.

Heij et al. (2004). Angewandte Arbeiten in der Wirtschaft erfordern häufig ein solides Verständnis ökonometrischer Methoden zur Unterstützung der Entscheidungsfindung. Dieses Buch fördert die aktive Auseinandersetzung mit diesen Methoden anhand von Beispielen und Übungen.

Jo (2021). Das Buch liefert ein gutes konzeptionelles Verständnis von Algorithmen für SML, UML und fortgeschrittene Lerntechniken.

Maschinelles Lernen ist ein integraler Bestandteil der Statistik. ML-Werkzeuge lassen sich am besten als die natürliche Weiterentwicklung der traditionellen Statistik im Computerzeitalter verstehen.[1] Im Folgenden wird anhand eines einfachen Phasenschemas überprüft und dargestellt, an welchen Stellen ML anders funktioniert als die Ökonometrie (vgl. Abb. 3.1).[2] Der wichtigste Unterschied besteht darin, dass die herkömmliche Statistik und Ökonometrie modellgesteuert sind (vgl. Kap. 2). Maschinelles Lernen kann hingegen als datengesteuert bezeichnet werden, ohne dass die Beziehung zwischen Daten und Ergebnis von vornherein bekannt ist. Beim ML erkennt der Algorithmus Muster und erstellt Datencluster, die gemeinsame Merkmale aufweisen und die das Ergebnis beeinflussen können.

3.1 Ziele

Die Unterschiede zwischen der Ökonometrie und ML beziehen sich auf den Zweck, die Ziele der Analyse sowie auf die Ergebnisse.

In der Statistik wird in der Regel davon ausgegangen, dass

- die Prädiktoren oder Variablen bekannt und additiv sind,
- die Modelle parametrisch sind,
- das Testen von Hypothesen und die Ungewissheit im Vordergrund stehen.

---

[1] Vgl. Efron und Hastie (2016).

[2] Vgl. Lopez-Prado (2019).

S. Andrae, *Ökonometrie und maschinelles Lernen*, essentials, https://doi.org/10.1007/978-3-658-41362-0_3

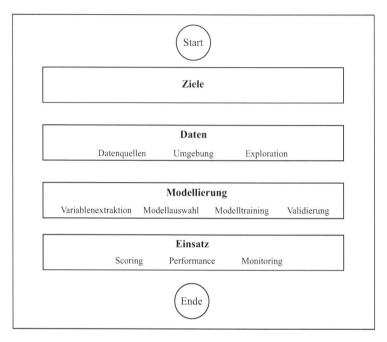

Abb. 3.1   Ablauf beim maschinellen Lernen. (Quelle: Eigene Darstellung)

Das Ziel ökonometrischer Studien besteht darin, kausale Beziehungen zu ermitteln.[3] Ökonomen können nur selten ein kontrolliertes Experiment durchführen, bei dem eine Variable exogen verändert wird, während alle anderen Variablen konstant gehalten werden. Stattdessen führen Wirtschaftswissenschaftler ein Gedankenexperiment durch, bei dem die Sensitivität einer Variablen auf Veränderungen bei einer anderen bewertet wird. Die Auswirkungen aller anderen relevanten Variablen werden gleichsam kontrolliert. Dies ist das so genannte Ceteris-paribus-Argument, das die Ökonometrie verwendet, um kausale Beziehungen abzuleiten. Betrachten wir die standardmäßige multivariate lineare Spezifikation, die in ökonometrischen Studien verwendet wird,

$$y_t = \propto + \sum_{i=1}^{I} \beta_i X_{t,i} + \sum_{j=1}^{J} \beta \gamma_j Z_{t,j} + \varepsilon_t \tag{3.1}$$

---

[3] Vgl. Imbens (2022).

wobei $\{X_{t,i}\}$ die Beobachtungen von Variablen sind, die $\{y_t\}$ erklären. $\{Z_{t,j}\}$ sind die Beobachtungen von Kontrollvariablen, deren Wirkung auf $\{y_t\}$ nicht $\{X_{t,i}\}$ zugeschrieben wird.

Dieses Ceteris-paribus-Argument hat viele Vorteile, wenn die Spezifikation korrekt ist. Wenn das Modell jedoch falsch spezifiziert ist, ist die Varianzanpassung verzerrt. Es ist wichtig zu erkennen, dass die Ziele der Ökonometrie in Bezug auf diese Anpassung nicht unbedingt mit dem Ziel der ML-Prognose außerhalb der Stichprobe übereinstimmen.[4]

Ein wesentlicher Unterschied zwischen der Ökonometrie und ML besteht darin, dass es bei erstgenanntem Fachgebiet nur eine Lösung gibt. Bei einem bestimmten Modell und einem Datensatz werden die Parameter einer parametrischen Regression mithilfe einer algebraischen Formel berechnet. Maßgeblich ist das Kriterium der Güte eines Schätzers für einen Modellparameter (Best Linear Unbiased Estimator, BLUE). Die Varianzanpassung beinhaltet die Berechnung von BLUE, auch wenn es voreingenommene Schätzer mit einer geringeren mittleren quadratischen Abweichung (Mean Squared Error, MSE) geben kann. Das bedeutet, dass der Schätzer eine lineare Funktion der Beobachtungen in der Stichprobe ist. Schließlich muss die Varianz der Schätzung im Vergleich zu anderen unverzerrten, linearen Schätzern am geringsten sein. Bei der statistischen Modellierung liegt der Schwerpunkt auf Unsicherheitsabschätzungen. Außerdem muss eine Vielzahl von strengen Annahmen erfüllt sein, bevor die Ergebnisse eines statistischen Modells vertrauenswürdig sind und angewendet werden können.[5]

Beim ML basieren viele Modelle auf nichtparametrischen Ansätzen, bei denen die Struktur des Modells nicht spezifiziert oder unbekannt ist. Additivität wird nicht erwartet. Annahmen über Normalverteilungen, Linearität oder Residuen für die Modellierung sind nicht erforderlich.[6] Der Zweck von ML ist die Vorhersageleistung unter Verwendung allgemeiner Lernalgorithmen, um Muster zu finden, die weniger bekannt sind, in keinem Zusammenhang stehen und in komplexen Daten ohne vorherige Betrachtung der zugrunde liegenden Strukturen auftreten.[7] Bei der statistischen Modellierung hingegen sind die Berücksichtigung von Schlussfolgerungen, Korrelationen und die Auswirkungen einer kleinen Anzahl von Variablen ausschlaggebend.

---

[4] Vgl. Mullainathan und Spiess (2017).

[5] Vgl. Hüllermeier und Waegerman (2021).

[6] Vgl. Carmichael und Marron (2018).

[7] Vgl. Carmichael und Marron (2018).

Bedeutend ist, dass ML-Algorithmen für Prognosen außerhalb der Stichprobe konzipiert sind. Einige ökonometrische Modelle haben auch eine Vorhersagespezifikation. Das vorrangige Ziel besteht aber darin, die zukünftige Varianz zu beurteilen. Die ökonometrischen Modelle werden jedoch in der Regel nicht angepasst, um die Vorhersagekraft außerhalb der Stichprobe zu maximieren, indem Hyperparameter durch Kreuzvalidierung oder ähnliche Methoden abgestimmt werden.

Es ist von großer Bedeutung, sich im Voraus für eines dieser Ziele zu entscheiden. Vor Beginn der Analyse muss ein Forschungsplan definiert werden. Eine schlecht konzipierte ML-Studie, bei der die Fragen und Ziele nicht von Anfang an klar formuliert sind, wird wahrscheinlich zu falschen Erkenntnissen führen.

3.2   Daten

Heute besitzen wir schon große Datenbestände, aber die Daten von morgen werden noch größer sein. Alle zwei Jahre findet eine Verdopplung der weltweit erzeugten Datenmenge statt. In Verbindung mit dieser exponentiellen Entwicklung steht der stetige Anstieg neuer Datenquellen. Die Daten in den uns umgebenden Geräten liefern Auskunft über unsere wirtschaftlichen Aktivitäten, Anforderungen und Wünsche – und zwar in Echtzeit. Richtig genutzt, könnten diese Daten gar den Preismechanismus als Mittel zur Abstimmung von Angebot und Nachfrage imitieren.

Neue verfügbare Datensätzen beziehen sich auf drei allgemeine Kategorien:

- soziale Netzwerke: z. B. von Menschen stammende Informationen wie Blogs, Chats und Suchanfragen, von Websites wie Anlageforen gesammelte Metadaten;
- herkömmliche Geschäftssysteme: z. B. prozessvermittelte Daten wie Dateien, die bei kommerziellen Transaktionen, im elektronischen Handel oder bei Kreditkartengeschäften anfallen, Kreditverlaufsdaten, Sensordaten, aus Texten extrahierte Stimmungen und von Börsen generierte Mikrostrukturdaten, unstrukturierte Textdaten, um quantitative Variablen für die Analyse zu konstruieren, sowie
- das Internet der Dinge: z. B. maschinengenerierte Daten wie Informationen von Verkehrssensoren, Mobiltelefonen, Computerprotokollen usw.

In der ökonomischen Praxis liegen die Daten in noch heterogener Form vor. Im Finanzbereich werden beispielsweise internetbasierte Indikatoren, kommerzielle Datensätze, Finanzmarktindikatoren und Verwaltungsdaten für Big-Data-Analysen verwendet. Daneben können einige (Finanz-)Daten in Bezug auf die Datenverfügbarkeit begrenzt sein. Beispielsweise existieren einige Finanzinstrumente nur für einen kurzen Zeitraum, was zu unzureichenden Daten für ausgefeilte maschinelle Lerntechniken führen kann. Wenn ein Modell mit Hilfe von Algorithmen erstellt wird, ist für das angestrebte Ziel ein Vergleich bzw. die Gegenüberstellung verschiedener Algorithmen erforderlich. In solchen Fällen werden Kenntnisse über Datentypen und Datenstrukturen wichtig.[8]

Strukturierte Daten Strukturierte Daten können von Menschen oder Maschinen generiert werden. Bei strukturierten Daten handelt es sich um Daten, die vor der Speicherung in einer bestimmten Struktur vordefiniert und formatiert wurden. Das beste Beispiel für strukturierte Daten ist die relationale Datenbank: Die Daten wurden in genau definierte Felder formatiert, z. B. Kreditkartennummern oder Adressen. Der größte Vorteil strukturierter Daten besteht darin, dass sie leicht von ML-Algorithmen genutzt werden können. In der Ökonometrie werden fast ausschließlich strukturierte Daten verwendet. Die spezifische und organisierte Natur ermöglicht eine einfache Abfrage dieser Daten. Ein weiterer Vorteil strukturierter Daten besteht darin, dass der Anwender kein tief gehendes Verständnis der verschiedenen Datentypen oder der Beziehungen zwischen diesen Daten benötigt. Zudem haben sie den Vorteil, dass sie schon viel länger verwendet werden, da sie in der Vergangenheit die einzige Option waren. Das bedeutet, dass es mehr Tools gibt, die sich bei der Nutzung und Analyse strukturierter Daten bewährt haben. Daten mit einer vordefinierten Struktur können nur für den vorgesehenen Zweck verwendet werden. Dies schränken die Flexibilität und die Anwendungsfälle ein.

Unstrukturierte Daten Etwa 80 % der Daten, die heute erzeugt werden, sind unstrukturiert.[9] Bei unstrukturierten Daten handelt es sich um Daten, die in ihrem ursprünglichen Format gespeichert und erst bei ihrer Verwendung verarbeitet werden. Sie liegen in einer Vielzahl von Dateiformaten vor, darunter E-Mails, Beiträge in sozialen Medien, Präsentationen, Chats, IoT-Sensordaten oder Satellitenbilder. Da unstrukturierte Daten in ihrem nativen Format gespeichert werden, sind die Daten nicht definiert, bis sie benötigt werden. Dies führt zu einem größeren Pool

---

[8] Vgl. Stice-Lawrence (2022).

[9] Umfassende BD-Statistiken finden sich unter: https://techjury.net/blog/big-data-statistics/#gref.

von Anwendungsfällen, da der Zweck der Daten anpassbar ist. So können nur die Daten aufbereitet und analysiert werden, die benötigt werden. Das native Format ermöglicht zudem auch eine größere Vielfalt an Dateiformaten. Die Daten, die gespeichert werden können, sind nicht durch ein bestimmtes Format eingeschränkt. Das bedeutet, dass der Anwender auf mehr Daten zurückgreifen kann. Deep-Learning-Algorithmen können bei unstrukturierten Daten bessere Leistungen erbringen kann als die in Kap. 2 dargestellten Algorithmen, da sie direkt mit den ursprünglichen Rohdaten arbeiten. Daher ermöglichen unstrukturierte Daten ein umfassenderes und ganzheitlicheres Verständnis des Gesamtbildes.

Der größte Nachteil unstrukturierter Daten besteht darin, dass für die Aufbereitung und Analyse der Daten datenwissenschaftliches Fachwissen erforderlich ist. Ein normaler Geschäftsanwender kann unstrukturierte Daten aufgrund ihrer nicht formatierten Beschaffenheit nicht so nutzen, wie sie sind. Die Verwendung erfordert ein tieferes Datenverständnis. Neben dem erforderlichen Fachwissen sind für die Bearbeitung der Daten auch spezielle Werkzeuge erforderlich. Unstrukturierte Daten sind häufig qualitativer Natur, d. h. eher kategorialer Natur. ML-Lösungen können diesen Herausforderungen begegnen.

Einem guten Modell gehen jedoch in der Regel die Erstellung von Profilen der Ziel- und Kontrollgruppen voraus. Das Verständnis der zugrundeliegenden Daten unterstützt den Aufbau repräsentativer Modellierungskohorten, die Ableitung von relevanten Features sowie das Verständnis für die Interpretation der Modellierungsergebnisse.

Ein statistisches bzw. ökonometrisches Modell verlangt ein tieferes Verständnis der Art und Weise der Datenerhebung, der statistischen Eigenschaften des Schätzers (p-Wert, unverzerrte Schätzer), der zugrunde liegenden Verteilung der Grundgesamtheit usw. Statistische Modellierungstechniken werden in der Regel auf niedrigdimensionale Datensätze angewendet. Bei ML-Algorithmen müssen weniger Annahmen über den Datensatz und die Datenelemente getroffen werden. Maschinelles Lernen erfordert keine vorherigen Annahmen über die zugrunde liegenden Beziehungen zwischen den Datenelementen. Die Wahl eines bestimmten Algorithmus hängt lediglich von den Annahmen ab, die in Bezug auf die Merkmale des interessierenden Datensatzes getroffen werden. So ist beispielsweise ein Naïve Bayes-Klassifikator geeignet, wenn angenommen wird, dass die Variablen unabhängig sind und einer Gauß-Verteilung folgen (vgl. Abschn. 2.1).

Maschinelles Lernen wird im Allgemeinen auf hochdimensionale oder mehrdimensionale Datensätze (z. B. wie bei Finanzdaten) angewendet und erfordert nicht viele Beobachtungen, um ein funktionierendes Modell zu erstellen.[10] Zudem

---

[10] Vgl. Bzdok et al. (2018).

können sie unausgewogene Datensätze effizienter und mit geringerem Verlust an wichtigen Informationen verwalten. Große Datensätze enthalten große Mengen fehlender Werte, gemischte Häufigkeiten, ausgefranste Ränder oder unregelmäßige Muster, mit denen herkömmliche ökonometrische Modelle nicht umgehen können.

Um die Unterschiede zwischen der Ökonometrie und der datengesteuerten ML-Analyse herauszuarbeiten, ist es wichtig hervorzuheben, dass die Art und Qualität der Daten (v. a. Trainingsdaten) eine entscheidende Rolle für den Erfolg eines jeden gelernten Modells spielen. Hier gibt es Schnittstellen zur Datenwissenschaft. Die Datenwissenschaft entwickelt sich über die Statistik oder einfachere ML-Techniken hinaus, um selbstlernende und autonome Ansätze mit der Fähigkeit zu integrieren, den Kontext zu interpretieren, Datenlücken zu bewerten und zu füllen sowie die Modellierung im Laufe der Zeit anzupassen. In der Praxis müssen Datenwissenschaftler herausfinden, welcher Algorithmus für das jeweilige Problem am besten geeignet ist. Dies Auswahl erfordert oft einen strengen und sich wiederholenden Prozess des „Ausprobierens", der zu Lasten der Reproduzierbarkeit der Ergebnisse führen kann.[11]

Bei der Erstellung eines ML-Modells gilt es vier grundlegende Schritte zu beachten:

1. **Zusammenstellung eines Datensatzes:** Der Datensatz muss die realen Vorhersagen widerspiegeln, die das Modell machen wird. Die Trainingsdaten können in Klassen sortiert werden. Bevor ein Problem mit ML angegangen wird, ist es in der Regel eine gute Idee, eine explorative Datenanalyse durchzuführen. Auf diese Weise kann man sehen, ob es offensichtliche Muster (die Hinweise auf den zu wählenden Algorithmus geben könnten) oder offensichtliche Probleme mit den Daten (z. B. Ausreißer) gibt. Bei tabellarischen Daten mit einer geringen Anzahl von Merkmalen ist es üblich, ein Paardiagramm zu erstellen. Bei höherdimensionalen Daten kann zunächst eine Dimensionalitätsreduktion durchgeführt, um die Daten dann zu visualisieren.

2. **Auswahl eines geeigneten Algorithmus:** Abhängig von der jeweiligen Aufgabe, der Menge der Trainingsdaten und davon, ob es sich um markierte oder unmarkierte Daten handelt, wird ein bestimmter Algorithmus ausgewählt (z. B. Regressionsalgorithmen und Entscheidungsbäume für markierte Daten oder Q-Learning für unmarkierte Daten).

3. **Training des Algorithmus mit dem Datensatz:** Das Modell wird immer wieder auf den Datensatz trainiert. Die Gewichte und Verzerrungen werden auf

---

[11] Vgl. Kapoor und Narayanan (2022).

der Grundlage der fehlerhaften Ergebnisse angepasst. Im einfachen Regressionsmodell sind die einstellbaren Werte für das Training die Gewichte und
Verzerrungen. Weder die Eingabe noch die Ausgabe kann beeinflusst werden.
Während des Trainingsprozesses werden den Gewichten und Verzerrungen zufällige Werte zugewiesen, bis die Position (der Linie) so beeinflusst wird, dass sie
die meisten korrekten Vorhersagen liefert. Mit jeder weiteren Iteration nimmt
die Genauigkeit des Modells weiter zu.

4. **Testen und Verbessern des Modells:** Die Genauigkeit des Modells kann überprüft werden, indem neue Daten getestet oder bewertet werden, die bisher
   nicht trainiert wurden. Dies hilft zu verstehen, wie das ML-Modell in der realen Welt abschneidet. Nach der Evaluierung können die Hyperparameter (für
   das Training) feinabgestimmt werden. Die Anpassung dieser Hyperparameter
   kann ein experimenteller Prozess sein, der sich je nach den Besonderheiten des
   Datensatzes, Modells und Trainingsprozesses unterscheidet.

3.3   Modellierung

Eine wesentliche Herausforderung besteht für jeden Ökonometriker in der Wahl
der Modellspezifikation. Um dieses Problem zu lösen, müssen zwei Entscheidungen auf einmal getroffen werden:

1. Es muss eine Auswahl der an einem wirtschaftlichen Phänomen beteiligten
   Variablen stattfinden.
2. Es muss eine funktionale Form gewählt werden, die diese Variablen miteinander verbindet.[12]

Die multivariate lineare Regression muss nicht in jedem Fall die beste Antwort
auf beide Fragen bieten. Insbesondere kann es sein, dass einige der komplexen
Interaktionen zwischen Variablen von traditionellen ökonometrischen Methoden
übersehen werden. Insofern kommt der Variablenextraktion eine wichtige Rolle
zu. ML-Algorithmen ermöglichen es, die beiden Entscheidungen zu entkoppeln,
und zwar in folgender Reihenfolge:[13]

---

[12] Vgl. Lopez-Prado (2019).
[13] Vgl. Lopez-Prado (2019).

- Die Bedeutung (im ML-Jargon „parlance") einer großen Anzahl von Variablen wird bewertet, ohne sich für eine bestimmte Funktionsform zu entscheiden.
- Sobald die wichtigen Variablen isoliert sind, geht es an die Identifizierung des datenerzeugenden Prozesses, der die Variablen am besten verbindet.

In ML-Studien wird die Bedeutung von Variablen mit Hilfe von Berechnungsmethoden bestimmt. Ein beliebtes Verfahren zur Analyse der Bedeutung von Features für baumbasierte Algorithmen ist beispielsweise die MDI-Methode (Mean Decrease Impurity). An jedem Knoten wählt der Algorithmus das Merkmal aus, das die Teilmenge in zwei weniger „unreine" Teilmengen aufteilt. Ein Vorteil von MDI gegenüber ökonometrischen Hypothesentests besteht darin, dass MDI aufgrund seiner rechnerischen Natur keine Verteilungsannahmen benötigt, die falsch sein könnten.[14]

ML-Algorithmen können den relativen Informationsgehalt von Variablen für erklärende und/oder prädiktive Zwecke bestimmen. Die Methode ist hier die Permutationswichtigkeit (Mean Decrease Accuracy, MDA). MDA bestimmt die durchschnittliche Abnahme der Genauigkeit des Modells durch zufällige Permutation der Feature-Werte in Stichproben.[15]

Maschinelles Lernen ist sehr effektiv, wenn das Modell mehr als eine Handvoll unabhängiger Variablen verwendet.[16] ML-Techniken sind erforderlich, wenn die Anzahl der Variablen größer ist als die Anzahl der Datensätze oder Beobachtungen. Bei der Extraktion von Variablen geht es darum, aus der Menge der Merkmale die kleinste Teilmenge auszuwählen, die es ermöglicht, das angestrebte Ziel zu erreichen. Die Variablenextraktion muss sich dabei zwei Problemen stellen.

Das erste Problem ist der Fluch der Dimensionalität. Dies bedeutet, dass die Unterschiede zwischen den Daten immer geringer werden, sodass man diese schwer auseinanderhalten kann. Diesem Problem begegnet man mit Verfahren zur Dimensionalitätsreduktion. Sie sind in der Lage, Attribute ohne Informationsverlust zu entfernen. Die Dimensionalität erhöht das Risiko der Überanpassung. Der Begriff steht für ein Modell, das die Daten nicht effektiv verallgemeinert werden. Möglicherweise enthält das Modell auch nicht den richtigen Satz von Datenelementen, um die Datenmuster und die aufgestellte Hypothese zu erklären (ähnlich wie bei einem Regressionsmodell mit Autokorrelation). Im Gegensatz dazu fehlen

---

[14] Vgl. Lopez-Prado (2019).

[15] Vgl. Lopez-Prado (2019).

[16] Vgl. Carmichael und Marron (2018).

bei der Unteranpassung dem Modell Merkmale, die im optimalen Modell vorhanden wären (ähnlich wie ein Regressionsmodell, das nicht die gesamte Varianz der abhängigen Variablen vollständig erklärt). Darüber hinaus lehrt die SLT, dass Lernalgorithmen ihre Fähigkeit, komplexe Strukturen aus Daten zu übersetzen, mit einer größeren und schnelleren Geschwindigkeit steigern, als es die Zunahme der Stichprobengröße allein vermag.[17]

Das zweite Problem bei der Variablenextraktion ist die Multikollinearität. In einem idealen Regressionsmodell ist jede der Variablen in hohem Maße mit der vorhergesagten Variablen korreliert, und die Variablen sind untereinander unkorreliert. Wenn Variablen miteinander korreliert sind, können Regressionsmodelle nicht zwischen ihnen unterscheiden. Die Varianz der vorhergesagten Variablen kann nicht zuverlässig bestimmt werden. Diese Korrelation zwischen den Variablen ist für die Vorhersage der endogenen Variablen unproblematisch, erschwert jedoch die Auswahl wichtiger Merkmale oder die Prüfung von Hypothesen.[18]

Eine traditionelle ökonometrische Lösung für beide Probleme ist die Extraktion der Hauptkomponenten aus den Variablen (Inputs) mit Hilfe der Hauptkomponentenanalyse (PCA). Die Technik kann dazu beitragen, die zu verwendenden Daten, die Variablenauswahl und den richtigen Modellaufbau zu definieren. Diese dimensionalitätsreduzierende PCA-Technik berechnet die Linearkombinationen von Merkmalen, die zueinander orthogonal sind (vgl. Abschn. 2.2).

Ökonometrische Modelle sind meist parametrische Modelle. Sie basieren auf der Wirtschaftstheorie. Zur Schätzung der Werte eines Parametervektors werden herkömmliche statistische Instrumente, wie die Maximum-Likelihood-Schätzmethode verwendet. Vereinfacht ausgedrückt wird damit derjenige Parameter als Schätzung ausgewählt, gemäß dessen Verteilung die Realisierung der beobachteten Daten am plausibelsten erscheint. Bei größeren Stichproben liefert das Verfahren asymptotisch unverzerrte, konsistente, normalverteilte Schätzer. Die asymptotische Analyse gilt als Methode, um das Grenzverhalten von Funktionen oder Folgen zu klassifizieren, indem man nur den wesentlichen Trend des Grenzverhaltens beschreibt (z. B. Gesetz der großen Zahlen oder der zentrale Grenzwertsatz).[19]

Beim ML hingegen werden häufig nichtparametrische Modelle konstruiert. Sie basieren fast ausschließlich auf Daten. Es werden keine Annahmen

---

[17] Vgl. Lopez-Prado (2019).

[18] Vgl. Lopez-Prado (2019).

[19] Vgl. Lopez-Prado (2019).

über die zugrunde liegende Verteilung getroffen. Die verwendeten Metaparameter (Baumtiefe, Strafparameter usw.) werden durch Kreuzvalidierung, Gittersuchalgorithmus oder einen beliebigen Hyperparameter-Optimierungsalgorithmus optimiert.

Bei der Auswahl des richtigen Modells ist es wichtig, eine Bewertungsmetrik zu definieren. Es soll gemessen werden, wie gut ein bestimmter Algorithmus passt. Zudem soll die Leistung alternativer Algorithmen miteinander verglichen werden. Die einfachste Metrik für die Klassifizierung ist die Vorhersagegenauigkeit, d. h. der Prozentsatz der Beobachtungen, für die der Algorithmus die Klassenvariable korrekt vorhersagt. Dies geschieht in der Regel durch den Vergleich des Ergebnisses des Algorithmus mit dem, was ein menschlicher Bewerter bei einer bestimmten Datenprobe feststellen würde.

Unter den Modellen mit vergleichbarer Erklärungskraft werden diese mit einfachen Antworten vorgezogen. Die traditionelle ökonometrische Methode zur Auswahl des einfachsten Modells ist der schrittweise Algorithmus (Vorwärtsselektion, Rückwärtselimination, bidirektionale Elimination). Dieses schrittweise Vorgehen wird kritisiert, weil in der ökonometrischen Analyse häufig der Datensatz, der zum Trainieren des Modells (Trainingssatz) verwendet wird, auch zur Bewertung des Modells (Testsatz) herangezogen wird. Alle Entscheidungen beruhen auf In-Sample-Statistiken, ohne dass deren Auswirkungen auf die Leistung des Modells außerhalb der Stichprobe berücksichtigt werden. In der Folge können die Modelle für die Trainingsgruppe und für die Testgruppe überangepasst sein. SML-Techniken versuchen, ein ideales Gleichgewicht zwischen der Verringerung des In-Sample- und Out-of-Sample-Fehlers (d. h. des Trainings- bzw. Generalisierungsfehlers) zu erreichen. Dieses Ziel trägt dazu bei, die beiden Fallstricke der Datenanalyse zu vermeiden: Unter- und Überanpassung (vgl. Abschn. 3.3).[20]

Eine Möglichkeit, mit der ML-Methoden eine Überanpassung der Trainingsmenge durch eine konservative Modellauswahl verhindern, ist die sogenannte Regularisierung (vgl. Abschn. 2.1). Bei der Regularisierung wird ein Malus für die Komplexität eingeführt, so dass das Modell nur dann komplexer wird, wenn dies durch einen signifikanten Gewinn an Erklärungskraft gerechtfertigt ist. Mittels Regularisierung sucht beispielsweise das SML nach Funktionen, die komplex genug sind, um das zugrunde liegende Signal anzupassen, ohne das Rauschen zu berücksichtigen. Eine Möglichkeit der Regularisierung besteht darin, die Modellparameter einzuschränken.

Eine beliebte Regularisierungstechnik ist Lasso (Least Absolute Shrinkage and Selection Operator). Sie führt die Regularisierung ein,

---

[20] Vgl. Lopez-Prado (2019).

$$R(f) = \sum_{j=1}^{p} |\beta_j|, \tag{3.2}$$

die gleich der Summe der absoluten Werte der Koeffizienten β_j (j = 1, …, p) ist. Die optimale Funktion (*f(X)*) muss nun Koeffizienten auswählen, die die Summe der quadrierten Residuen minimieren und gleichzeitig die kleinste absolute Summe der Koeffizienten ergeben.

Der Forschende muss die richtige Modellspezifikation wählen. Ansonsten führt die ML-Studie zu falschen Schlussfolgerungen. Die korrekte Spezifikation eines ökonometrischen Modells erfordert es, dass die Wechselwirkungen zwischen allen beteiligten Variablen erfasst werden müssen. Leider lassen ökonometrische Spezifikationen angesichts der Dynamik, Komplexität und Vernetzung von Wirtschaftssystemen wahrscheinlich wichtige Variablen der Daten außer Acht. Unter diesen Umständen ist ML aufgrund seiner Fähigkeit, diese Variablen zu lernen, leistungsfähiger als ökonometrische Techniken.

Ein weiterer wesentlicher Aspekt der Modellierung betrifft die Modellvalidierung. Hierfür ist die Anpassungsgüte eines Modells maßgeblich. Sie schätzt die Diskrepanz zwischen den durch das Modell erwarteten Werten und den beobachteten Werten. Die Ökonometrie stützt sich auf robuste mathematische Tests, um ein Modell zu validieren. Die Güte wird durch Hypothesentests, Bewertung der Normalität der Residuen und Vergleiche von Stichprobenverteilungen bewertet. Verschiedene Gütemaße kommen zum Einsatz:

- Das Bestimmtheitsmaß R^2 gilt als ein Maß zum Beschreiben eines linearen Zusammenhangs. Darin kommt der Anteil der Varianz der abhängigen Variablen zum Ausdruck, der durch das Modell – die unabhängigen Variablen – erklärt wird. Das R^2 steigt fälschlicherweise mit der Anzahl der unabhängigen Variablen an. Das so genannte bereinigte R-Quadrat korrigiert diesen Sachverhalt.
- AIC wird verwendet, um verschiedene Modellkandidaten zu vergleichen. Dies geschieht anhand des Wertes der log-Likelihood. Er ist umso größer ist, je besser das Modell die abhängige Variable erklärt.
- BIC ist ein weiteres Maß der Modellgüte. Je besser das Modell ist – d. h. je besser das Modell die Daten erklären kann –, desto kleiner wird er. Umgekehrt gilt: Je mehr Prädiktoren im Modell enthalten sind, umso größer wird BIC.
- Der p-Wert ist das Resultat eines statistischen Signifikanztests. Mit dessen Hilfe kann man a priori formulierte Hypothesen (z. B. Nullhypothese) überprüfen.

Ebenso wichtig wie das Erreichen eines signifikanten Bestimmtheitsmaßes ist es, die Residuen auf mögliche Verletzungen der Modellannahmen zu prüfen. Zu den üblichen Tests gehören der Normalitätstest (von Jarque-Bera), der Autokorrelationstest von (Durbin-Watson) und der Heteroskedastizitätstest (von White).[21]

Schließlich lassen sich Schlüsselindikatoren verwenden. Sie sollen einen Hinweis darauf geben, wie groß die Diskrepanz zur Realität ist. Typische Indikatoren sind zum Beispiel:

- Der MAE (Mean Absolute Error) misst die durchschnittliche Größe der Fehler in einer Reihe von Vorhersagen, ohne deren Richtung zu berücksichtigen. Es handelt sich um den Durchschnitt der absoluten Differenzen zwischen Vorhersage und tatsächlicher Beobachtung in der Teststichprobe. Alle individuellen Differenzen werden hier gleich gewichtet.
- Der RMSE (Root Mean Squared Error) ist eine quadratische Bewertungsregel, die auch die durchschnittliche Größe des Fehlers misst. Allerdings wird hier die Quadratwurzel aus dem Durchschnitt der quadrierten Differenzen zwischen Vorhersage und tatsächlicher Beobachtung gezogen. Da die Fehler quadriert werden, bevor sie gemittelt werden, gibt der RMSE großen Fehlern ein relativ hohes Gewicht. Der RMSE ist daher nützlicher, wenn große Fehler besonders unerwünscht sind.

Sowohl MAE als auch RMSE drücken den durchschnittlichen Modellvorhersagefehler aus. Dies geschieht in den Einheiten der interessierenden Variablen. Beide Metriken können zwischen Null und ∞ liegen und sind unabhängig von der Fehlerrichtung.

Die Bewertung von ML-Modellen hängt von ihrer Vorhersage ab. Wenn das Modell in der Lage ist, gute Vorhersagen zu treffen, hat es die versteckten Muster in den Daten gelernt. Um sicherzustellen, dass das Modell nicht übermäßig angepasst wurde, wird der Datensatz in Trainingsdaten und Testdaten aufgeteilt (vgl. Abschn. 2.1). Dieser Prozess ermöglicht eine schnelle Strukturierung des Wissens, um sich primär auf den Aufbau der Fähigkeit zur Vorhersage künftiger Ergebnisse zu konzentrieren.[22]

Über die anfängliche Validierung des Modells im Testdatensatz hinaus sollte das Modell in der realen Welt anhand einer großen, repräsentativen und neueren Datenstichprobe weiter getestet werden. Ein „gutes" maschinelles Lernmodell

---

[21] Vgl. Lopez-Prado (2019).

[22] Vgl. Bzdok et al. (2017) sowie Hoang und Wiegratz (2022).

wird also anhand seines wahrscheinlichen Erfolgs außerhalb der Stichprobe bestimmt. Anschließend wird eine Kreuzvalidierung durchgeführt, um die Verallgemeinerungsfähigkeit des Modells zu überprüfen. Sie soll sicherzustellen, dass es keine Verzerrungen bei der Aufteilung der Daten gibt.[23]

ML-Algorithmen bewerten die Anpassungsgüte mit einer breiten Palette von Methoden. Ein wesentlicher Unterschied zwischen ökonometrischer Anpassungsgüte und ML-Anpassungsgüte besteht darin, dass erstere fast immer die Leistung eines Modells in der Stichprobe (in der Trainingsmenge) bewertet, während letztere fast immer die Leistung eines Modells außerhalb der Stichprobe (in der Testmenge) durch Kreuzvalidierung bewertet.

---

[23] Vgl. Lopez-Prado (2019).

Anwendungsbereiche

Das Einsatzgebiet der Ökonometrie liegt schwerpunktmäßig in der Volkswirtschaftslehre. Ökonometrische Verfahren kommen aber auch in Teilgebieten der Betriebswirtschaftslehre, wie beispielsweise in der empirischen Kapitalmarktanalyse oder im Risikomanagement zum Einsatz. Die wachsende Beliebtheit von ML-Techniken ist darauf zurückzuführen, dass sie komplexe Muster entdecken können, die ex ante nicht bekannt sind. Hierfür sind wirtschaftliche Phänomene prädestiniert. Die Vorhersage einer Finanzkrise ist beispielsweise eine große Herausforderung. Der seltene Krisenausbruch wird wahrscheinlich durch das Zusammenspiel einer Reihe verschiedener Faktoren bestimmt. Es gibt keinen theoretischen Konsens darüber, wie diese Faktoren zusammenkommen und eine Krise auslösen. Manche machen realwirtschaftliche Gründe geltend. Andere sehen Verwerfungen an den Vermögensmärkten dafür verantwortlich. Daher ist es schwierig, a priori ein geeignetes Modell festzulegen. Stattdessen sollte ein nützliches Vorhersagemodell in der Lage sein, ein breites Spektrum potenzieller unabhängiger Variablen effizient zu durchforsten und die Beziehungen, Schwellenwerte und Wechselwirkungen zu ermitteln, die am zuverlässigsten und stabilsten sind. ML-Techniken sind dafür geeignet.[1] Hellwig zeigt, dass die ökonometrischen Techniken, die in vielen politischen Anwendungen verwendet werden, vielfach nicht besser sind als einfache heuristische Faustregeln. Athey sowie Athey und Imbens erörtert die Auswirkungen von ML auf die Wirtschaftswissenschaften. Sie heben die Bedeutung und die Vorbehalte beim Einsatz von ML-Methoden hervor.[2]

Akay et al. bewerten in einer bibliometrischen Analyse verschiedene Zeitschriftenartikel, die mit ML in den Wirtschaftswissenschaften zum Gegenstand

---

[1] Vgl. Hellwig (2021) und Chen et al. (2023).

[2] Vgl. Athey (2019) sowie Athey und Imbens (2019).

S. Andrae, *Ökonometrie und maschinelles Lernen*, essentials, https://doi.org/10.1007/978-3-658-41362-0_4

41

Überwachtes Lernen (SML)		Unüberwachtes Lernen (UML)		Verstärkungslernen
Regression	Klassifikation	Clustering	Dimensionsreduzierung	
• Vorhersage von Preisen und Mengen (z.B. Erträgen, Umsätze) • Vorhersage von Ausfallwahrscheinlichkeiten von Kreditnehmern • Nachfrageprognose	• Vorhersage der Richtung der Renditen • Vorhersage von Kundenabwanderungen • Texterkennung	• Kundensegmentierung • Marktsegmentierung • Anzeichen von Marktstress identifizieren • Empfehlungssysteme	• Strukturen erkennen • Visualisierung von Big Data • Informationen komprimieren	• Erlernen von Handelsstrategien • Finden von optimalen Zinsreaktionsfunktionen • Finden von optimalen Unternehmensstrategien • Personalisierung, Werbung

Abb. 4.1 ML-Hauptkategorien und ausgewählte Anwendungsbeispiele. (Eigene Darstellung)

haben. Für den Zeitraum von 2010 bis 2020 werden 3692 ML-Publikationen (840 aus dem Web of Science und 2852 aus Scopus) analysiert. Es ist zu beobachten, dass wirtschaftswissenschaftliche Fachzeitschriften immer mehr ML-Studien einen gewissen Platz einräumen. Im Zeitraum von 2016 bis 2020 basieren die Ökonometriestudien hauptsächlich auf der Einbeziehung kausaler Beziehungen in ML-Algorithmen. Auch wenn in den letzten Jahren eine gewisse Konvergenz zwischen ML und Ökonometrie zu beobachten ist (z. B. aufgrund von Anwendungen wie der Zeitreihenanalyse und der Vorhersage), zeigen die Studienergebnisse, dass ML-Methoden von vielen Forschenden in der Wirtschaftswissenschaften und Ökonometrie in der Breite noch nicht eingesetzt werden.[3]

Maschinelles Lernen kommt in den Wirtschaftswissenschaften für unterschiedliche Zwecke zum Einsatz (vgl. Abb. 4.1). Dennoch ist der Fokus im Wesentlichen auf die Vorhersage ausgerichtet und nicht zwingend auf die Identifizierung einer kausalen Beziehung. Allerdings spielt das Thema Kausalität auch bei ML mittlerweile eine Rolle (vgl. Abschn. 4.3). Bis vor kurzem spiegelte die Kluft zwischen Kausalanalyse und Vorhersage eine ähnliche Kluft zwischen traditioneller Ökonometrie und ML wider. Zudem besteht das Ziel darin, einen Algorithmus zu wählen, der zu den tatsächlich beobachteten Daten passt und nicht zu einem theoretischen Modell. Schließlich werden die Techniken nach ihrer Anpassungsgüte ausgewählt und weniger nach den eher traditionellen statistischen Tests, die in der Ökonometrie verwendet werden (vgl. Abschn. 3.3).

Im Folgenden werden vier zentrale ML-Anwendungsbereiche in den Wirtschaftswissenschaften anhand von Fallstudien erläutert. Die getroffene Auswahl

---

[3] Vgl. Akay (2022) sowie Hoang und Wiegratz (2022).

soll lediglich verdeutlichen, wie sich ML-Studien im Vergleich zu tradierten ökonometrischen Verfahren bewähren.

4.1 Informationsextraktion

ML-Algorithmen sind Lernalgorithmen, die aus großen Datenmengen lernen. Die erste und besonders wichtige ML-Kategorie zielt darauf ab, zusammenfassende Informationen aus diesen großen quantitativen Datensätzen zu extrahieren. Dies ist ein Bereich, der der traditionellen Statistik relativ nahesteht. Die Datensätze umfassen keine unstrukturierten Informationen (z. B. Texte, Bilder). Viele große Datensätze sind vielmehr gut strukturiert und können mit statistischen SML-Algorithmen, die für numerische Datensätze entwickelt wurden, angemessen umgehen. Strukturierte Datensätze sind am besten kompatibel mit SML-Techniken (vgl. Abschn. 2.1).

Das Hauptziel besteht darin, zusammenfassende Indikatoren zu erhalten. Eine große Menge an verfügbaren Datenpunkten werden verdichtet, indem im Wesentlichen Ähnlichkeiten zwischen ihnen gefunden (durch Klassifizierung) oder sie neu gruppiert werden (durch Clustering). Die Möglichkeit der mehrfachen Replikation von Stichproben, der Kreuzvalidierung oder der Anwendung von Bootstrapping-Techniken für das ML ermöglicht die Analyse von großen Datensätze mit vielen Datenelementen und wenigen Beobachtungen, solange der Prozess von Tests in der realen Welt begleitet wird.

SML-Techniken können aber auch zur Analyse unstrukturierter Daten eingesetzt werden werden. Miric et al. zeigen beispielsweise, wie SML-Techniken zur Konstruktion quantitativer Variablen sowie zur Klassifizierung unstrukturierter Textdaten verwendet werden. Anschließend können die Dokumente in Forschungsprojekten verwendet werden. Die Autorengruppe wendet verschiedene ML-Techniken (u. a. RF) an, um KI-Technologien aus allen Patenten in den USA auf der Grundlage von Patentzusammenfassungen zu identifizieren.[4]

4.2 Vorhersagen

Bei der Vorhersage geht es um die Frage, was unter bestimmten Umständen normalerweise passiert. Die meisten traditionellen Prognosemodelle beruhen auf der Anpassung von Daten an eine vorgegebene Beziehung zwischen Input- und

---

[4] Vgl. Miric et al. (2023).

Output-Variablen (vgl. Abb. 2.2). Diese Modelle gehen dabei von einem bestimmten funktionalen und stochastischen Prozess aus. ML-Algorithmen werden hingegen für die Vorhersage des Ergebnisses eingesetzt, anstatt die inferentielle und kausale Beziehung zwischen dem Ergebnis und den unabhängigen Variablen darzustellen. Sobald ein Modell erstellt ist, kann die statistische Analyse die Bedeutung und die Beziehung zwischen unabhängigen und abhängigen Variablen aufklären. ML ist auch dann geeignet, wenn die Gesamtvorhersage das Ziel ist und die Auswirkungen einer einzelnen unabhängigen Variablen oder die Beziehungen zwischen Variablen weniger sichtbar sind. Gleiches gilt, wenn die Schätzung der Unsicherheit von Prognosen oder der Auswirkungen ausgewählter Prädiktoren keine Voraussetzung ist.[5] Makridakis et al. zeigen in einer etwas älteren Arbeit, dass die ökonometrischen Modelle über alle Prognosehorizonte hinweg besser abschneiden als die Modelle des ML.[6] Neuere Analysen illustrieren, dass bei kurzfristigen Prognosen die ökonometrischen Modelle genauer sind. Bei längerfristigen Prognosen sind die ML-Modelle hingegen präziser.[7] Es steht also nicht die Identifizierung von Parametern und der statistischen Signifikanz im Vordergrund, sondern die externe Validität. Darunter wird das Ausmaß verstanden, in dem ein Narrativ im Laufe der Zeit verallgemeinert werden kann und für die Erstellung genauer Vorhersagen hilfreich ist.[8]

Bei makroökonomischen Prognosen (z. B. für Konjunkturzyklen und Rezessionsprognosen) kann ML erfolgreich zum Einsatz kommen, wenn es bei der tatsächlichen Beziehung zwischen Input- und Output-Variablen keine wesentlichen Einschränkungen gibt. Die von Jung et al. verwendeten drei maschinellen Lernalgorithmen (Elastic Net, SuperLearner, Recurring Neural Network) sind in der Lage, eine Benchmark-Prognose des World Economic Outlook des IMF durchweg zu übertreffen.[9] Ähnlich auch Bolhuis und Rayner, die für die Türkei einen verringerten Prognosefehler um mindestens 30 % im Vergleich zu traditionellen Modellen ermitteln.[10]

Die aktuellen Prognoseanalysen konzentrieren sich darauf, bestimmte Variablen und Horizonte mit einem besonders erfolgreichen Algorithmus abzugleichen. Die geringe Anzahl von Beobachtungen ist eine Herausforderung, die sich für die meisten traditionellen makroökonomischen Variablen im Kontext von ML

---

[5] Vgl. Hüllermeier und Waegerman (2021).

[6] Vgl. Makridakis et al. (2018).

[7] Vgl. Liu und Xie (2019).

[8] Vgl. Hellwig (2021).

[9] Vgl. Jung et al. (2018).

[10] Vgl. Bolhuis und Rayner (2020).

stellt. Im Gegensatz dazu untersuchen Coulombe et al. die Nützlichkeit der zugrunde liegenden Features (Nichtlinearitäten, Regularisierung, Kreuzvalidierung und alternative Verlustfunktion), die ML im Vergleich zu makroökonometrischen Standardmethoden vorantreibt. Sie analysieren zudem das Verhalten sowohl in datenreichen als auch in datenarmen Umgebungen.[11] Darüber hinaus ist die Vorhersageleistung abhängig von den Spezifikationen der Trainings- und Testdatensatzes (vgl. Abschn. 5.6).

Kabran und Ünlü befassen sich mit der Vorhersage von Blasen auf dem S&P 500-Aktienmarkt. Hierfür verwenden sie einen zweistufigen ML-Ansatz. Der erste Schritt besteht darin, die Blasen im Aktienmarktindex mithilfe eines Einheitswurzeltests zu identifizieren. Anschließend wird die SVM-Technik eingesetzt, um die Blasen anhand makroökonomischer Indikatoren vorherzusagen. Die experimentellen Ergebnisse zeigen, dass der vorgeschlagene Ansatz eine hoher Vorhersagekraft für Aktienblasen haben kann.[12]

Sofianos et al. prognostizieren die Abweichungen der Produktion der Eurozone von ihrem langfristigen Trend. Hierfür verwenden sie die kurz- und langfristigen Zinssätze der Zinsstrukturkurve der Eurozone. Die Zinssätze werden in drei SML eingespeist: Entscheidungsbäume, RF und SVM. Diese ML-Methoden werden mit einem Elastic-Net Logistic Regression (Logit) Modell aus dem Bereich der Ökonometrie verglichen. Die Ergebnisse zeigen, dass das SVM-Modell mit einer In-Sample-Genauigkeit von 85 % und einer Out-of-Sample-Genauigkeit von 95 % besser abschneidet als die das tradierte Logit-Modell.[13] Das andere Klassifizierungsinstrument ist Probit. Der Hauptunterschied zwischen beiden Modellen besteht in der Form der Funktion, die zur Anpassung der binären Ergebnisse verwendet wird: die inverse kumulative Standardnormalverteilungsfunktion im Fall von Probit und der Logarithmus des Odds Ratio im Fall von Logit. Ein Nachteil von Logit und Probit ist ihre lineare Spezifikation. Ein anderer Nachteil besteht darin, dass die erklärenden Variablen reellwertig sein müssen. Die Behandlung von kategorialen (z. B. Wirtschaftssektoren) oder ordinalen (z. B. Bonitätseinstufungen) Regressoren erfordert eine Kodierung durch Dummy-Variablen.

Barbaglia et al. untersuchen das Kreditausfallverhalten bei Wohnungsbaudarlehen in mehreren europäischen Ländern. Sie verwenden einen Datensatz von 12 Mio. Kreditnehmern. Sie modellieren das Auftreten von Zahlungsausfällen als eine Funktion von Kreditnehmermerkmalen, kreditspezifischen Variablen und

---

[11] Vgl. Coulombe et al. (2022).

[12] Vgl. Kabran und Ünlü (2021).

[13] Vgl. Sofianos et al. (2022) sowie Tuan et al. (2023).

lokalen wirtschaftlichen Bedingungen. Anschließend wird die Leistung einer Reihe von ML-Algorithmen (z. B. logistische Regression, XB Boosting) mit der logistischen Regression verglichen. Die Autoren stellen fest, dass ML deutlich bessere Vorhersagen ermöglicht. Die wichtigsten Variablen zur Erklärung von Kreditausfällen sind der Zinssatz und die lokalen wirtschaftlichen Merkmale.[14]

4.3   Kausalität

Ähnlich wie bei der Ökonometrie gilt der Grundsatz: Korrelation ist nicht gleich Kausalität. ML-Algorithmen können nach der Struktur kausaler Beziehungen suchen – also danach, was Ursache und Wirkung zwischen Variablen ist. Techniken wie Kausalschlüsse werden seit langem von Wirtschaftswissenschaftlern verwendet, um ihre Vorstellungen von Kausalität zu überprüfen. Der Nobelpreis für Wirtschaftswissenschaften ging im Jahr 2021 an die drei Forscher David Card, Joshua D. Angrist und Guido W. Imbens, die mit Hilfe von Kausalschlüssen untersucht haben, ob beispielsweise ein höherer Mindestlohn zu weniger Beschäftigung führt oder welche Auswirkungen ein zusätzliches Jahr Schulbildung auf das zukünftige Einkommen hat.

Die Entdeckung von Kausalzusammenhängen steht im Mittelpunkt der meisten Fragen zur Wirtschaftspolitik. Der Goldstandard für die Schätzung der kausalen Auswirkungen eines Ereignisses oder einer politischen Intervention ist ein randomisiertes kontrolliertes Experiment. Die Wirtschaftsnobelpreisträger aus dem Jahr 2019 Esther Duflo, Abhijit Banerjee und Michael Kremer haben die Technik der randomisierten Experimente im Rahmen der Armutsforschung zu einiger Berühmtheit verholfen. Für die meisten wirtschaftswissenschaftlichen Fragestellungen sind Experimente jedoch oft unpraktisch, unethisch oder einfach unmöglich. Daher stützt sich ein großer Teil der empirischen Arbeit auf Beobachtungsdaten. Dies sind Daten, bei denen die Politik auf andere Weise als durch zufällige Zuweisung bestimmt wird. Aus Beobachtungsdaten Rückschlüsse auf die kausale Wirkung einer Politik zu ziehen, ist recht schwierig.[15] Die Algorithmen analysieren die statistischen Eigenschaften von reinen Beobachtungsdaten. Ähnlich wie beim kausalen Denken eines Menschen entstehen mögliche kausale Zusammenhänge dadurch, dass diejenigen, die am besten zu einer Beobachtung passen, der Wahrheit am nächsten kommen. Ein wichtiger Vorteil ist, dass ML mithilfe dieses Vorgehens besser mit sich ändernden Umständen umgehen kann.

---

[14] Vgl. Barbaglia et al. (2021). Ähnlich auch Hacibedel und Qu (2022).

[15] Vgl. Athey und Imbens (2017) sowie Athey und Wager (2020).

Dem steht der Nachteil gegenüber, dass die Schätzung des kausalen Effekts eines Ereignisses oder einer Politik anhand dieser Art von Daten problematisch ist, denn die kontrafaktische Situation ist nicht bekannt: was wäre passiert, wenn eine andere Politik gewählt worden wäre. Dies ist eine zentrale Herausforderung und kann möglicherweise auch der Hauptgrund ist, dass ML in den Wirtschaftswissenschaften noch nicht so stark verbreitet ist. Vorhersagen können im Gegensatz dazu validiert werden und eignen sich daher für ML-Techniken (vgl. Abschn. 3.3).

Um kausale Zusammenhänge aus Beobachtungsdaten abzuleiten, werden überzeugende Proxys für die unbeobachtbare kontrafaktische Situation benötigt. Bei einem ausreichend großen Datensatz könnte eine Strategie beispielsweise darin bestehen, einfach das durchschnittliche Ergebnis derjenigen Personen zu messen, die das Ereignis erlebt haben. Dann könnte man es mit dem Durchschnitt derjenigen vergleichen, die es nicht erlebt haben. Diese Strategie setzt jedoch voraus, dass alle Störfaktoren beobachtet werden können (d. h. Faktoren, die sowohl mit dem Ergebnis als auch mit der Wahrscheinlichkeit des Ereignisses korrelieren). Bei einer Standardregression erfolgt die Konditionierung auf diese Störfaktoren in der Regel durch die Einbeziehung einer vorab festgelegten Gruppe von Kontrollvariablen.

ML-Methoden bieten wichtige neue Instrumente zur Verbesserung der Schätzung von kausalen Effekten in hochdimensionalen Umgebungen. Unter dem Stichwort des „kausalen maschinellen Lernens" wird untersucht, wie sich ML-Methoden auf Probleme der Kausalableitung anwenden lassen, was zu präziseren, weniger verzerrten und zuverlässigeren Schätzern von Kausaleffekten führt. Tiffin's Studie konzentriert sich vor allem auf den Causal Forest Algorithmus. Am Beispiel der Kosten einer Finanzkrise wird gezeigt, wie solche Techniken plausible Ergebnisse liefern können. Darüber hinaus ermöglichen diese Techniken eine wesentlich umfassendere Diskussion potenzieller Schwellenwerte und Nichtlinearitäten in einem Ausmaß, das mit traditionelleren ökonometrischen Methoden normalerweise nicht möglich ist. Ganz allgemein können diese Techniken eine gute Ergänzung zu den derzeit von Ökonomen angewandten Techniken darstellen, da sie die Berücksichtigung einer Vielzahl von Variablen und Wechselwirkungen ermöglichen. Schließlich ist es in vielen Fällen wichtig, eine flexible Kontrolle für eine große Anzahl von Kovariaten zu haben, um kausale Schlüsse aus Beobachtungsdaten zu ziehen.[16]

---

[16] Vgl. Tiffin (2019) sowie Athey und Imbens (2017).

4.4   Simulationen

Bei diesem Anwendungsbereich geht es unter anderem um die Analyse hochdimensionaler Modelle, bei denen die Anzahl der Parameter größer sein kann als der Stichprobenumfang. Solche Phänomene treten bei ökonomischen Modellen von Netzwerken auf, bei denen die Anzahl potenzieller Verbindungen zwischen Agenten in einem Netzwerk quadratisch mit der Anzahl der Agenten wächst. Das Ziel besteht darin, die Verbindungswahrscheinlichkeiten oder den Austausch zwischen Gruppen von Agenten flexibel zu modellieren.[17] ML-Algorithmen können verwendet werden, um Volkswirtschaften mit vielen Wirtschaftsakteuren zu simulieren.[18]

RL-Algorithmen eignen sich für die Beschreibung komplexer Systeme, die durch reichhaltige Interaktionen zwischen ihren Komponenten gekennzeichnet sind. Hervorzuheben sind vor allem Bottom-Up-Analysen (z. B. Analyse der Verbindungen zwischen bestimmten Knotenpunkten des Systems) sowie Analysen von Netzwerkmerkmalen. In der Praxis besteht ein Netz aus Elementen (Knoten), die entweder direkt oder indirekt miteinander verbunden sind. Dies kann durch verschiedene Arten von Graphen dargestellt werden. Ein wichtiges Konzept ist die Zentralität, die sich auf die Bedeutung von Knoten (oder Links) im Netzwerk bezieht und die durch spezifische Metriken gemessen werden kann.

Ein weiteres Konzept ist die Erkennung von Gemeinschaften, die darauf abzielt, die Visualisierung eines großen und komplexen Netzwerks zu vereinfachen, indem Knoten in Clustern neu gruppiert und Rauschen gefiltert wird.

---

[17] Vgl. Powell (2017).

[18] Vgl. Charpentier et al. (2021).

Fazit

Mit dem Aufkommen von ML stellt sich ganz natürlich die Frage: Worin besteht die Neuheit im Vergleich zu herkömmlichen statistischen Verfahren wie der linearen Regression? In der Tat stellen auch die herkömmliche Statistik und Ökonometrie eine Beziehung zwischen Input und Output her und führen auf dieser Basis Regressions- und Klassifizierungsaufgaben durch. Und wie bei prädiktiven ML-Methoden können auch statistische Techniken, sobald eine Beziehung anhand alter Daten ermittelt wurde, anschließend auf neue Daten angewendet werden. Einige mögen sogar argumentieren, dass sowohl die lineare als auch die logistische Regression selbst maschinelle Lerntechniken sind. Zwischen dem klassischen statistischen und dem maschinellen Lernen sind jedoch einige wichtige Unterscheidungen festzustellen (vgl. Abb. 5.1).

Die *essentials* stellen die ML-Basistechniken vor.

- Beim SML beobachtet der Algorithmus eine Ausgabe für jede Eingabe. Diese Ausgabe gibt dem Algorithmus ein Ziel vor, das er vorhersagen kann, und dient als Lehrer.
- Beim UML beobachtet der Algorithmus nur die Eingabe. Er muss den Sinn der Daten erkennen, ohne dass ein Lehrer die richtigen Antworten vorgibt.
- Beim RF beobachtet der Algorithmus nur einen Teil der Ausgabe. Allerdings kann es aus verschiedenen Gründen schwieriger sein, RL zum Funktionieren zu bringen, als dies beim SML oder UML der Fall ist. Eine Hauptschwierigkeit besteht darin, dass das Belohnungssignal nur gelegentlich gegeben wird (z. B. wenn der Agent schließlich einen gewünschten Zustand erreicht).

Allen drei vorgestellten Gruppen von ML-Algorithmen ist gemeinsam, dass sie datengesteuert sind. Sie arbeiten mit der Erstellung eines Modells aus Datenbeobachtungen, um eine unbekannte Situation ohne viel menschliches Zutun

S. Andrae, *Ökonometrie und maschinelles Lernen*, essentials, https://doi.org/10.1007/978-3-658-41362-0_5

	Ökonometrie	Maschinelles Lernen
Definition	• Anwendung statistischer Methoden, um tatsächliche wirtschaftliche Zusammenhänge empirisch zu erfassen	• Künstliche Generierung von Wissen aus Erfahrung
Grundlagen	• Statistische Lerntheorie	• Statistische Lerntheorie
Methodentypen	• Prognose kontinuierlicher Variablen • Regression • Klassifikation	• Überwachtes Lernen (Regression, Klassifikation) • Unüberwachtes Lernen (Clusteranalyse, Dimensionalitätsreduktion) • Verstärkungslernen
Datenverarbeitung	• Strukturierte Daten	• Strukturierte und unstrukturierte Daten
Input / Output	• Generative Modellierung • Zusammenhänge zwischen Datenpunkten	• Prädiktive Modellierung • Vorhersage des Ergebnisses für zukünftige Eingaben
Modellerstellung	• Top-down	• Bottum-up
Anwendungsbereiche	• Testen von Hypothesen und Modellen • Prognosen • Simulationen • Quantifizierung von Unsicherheit	• Informationsextraktion • Vorhersagen • Kausalität • Simulationen

Abb. 5.1 Abgrenzung zwischen Ökonometrie und maschinellem Lernen. (Eigene Darstellung)

vorherzusagen. Sie eignen sich gut für die Komplexität des Umgangs mit unterschiedlichen Datenquellen. ML ist in der Lage, komplexe Interaktionen in großen Datensätzen zu verarbeiten, um Ergebnisse mit größerer Genauigkeit vorherzusagen. Allerdings benötigen die Modelle eine größere Anzahl von Input-Output-Paaren, um daraus zu lernen. Die Fähigkeit, die komplexen Wechselwirkungen zwischen allen Variablen zu erkennen und gleichzeitig diejenigen zu eliminieren, die nur einen minimalen Beitrag zur Ergebnisvorhersage leisten, ist ein Markenzeichen der ML-Techniken. Das maschinelle Lernen wird uns helfen, eine immer komplexere Welt zu verstehen.

Im Gegensatz zur traditionellen ökonometrischen Analyse gedeiht ML bei wachsenden Datensätzen. Je mehr Daten in ein maschinelles Lernsystem eingespeist werden, desto mehr kann es lernen und desto bessere Ergebnisse kann es erzielen. Big Data hat das Potenzial, eine bessere Messung der wirtschaftlichen Ergebnisse zu ermöglichen. Maschinelles Lernen bietet die Möglichkeit, einerseits Erkenntnisse aus neuen Datensätzen, die mit ökonometrischen Methoden nicht modelliert werden können, zu gewinnen. Andererseits kann ML helfen, aus alten Datensätzen, komplexe Beziehungen zu identifizieren. ML-Algorithmen werden in der Regel dann der statistischen Modellierung vorgezogen, wenn das vorherzusagende Ergebnis keine starke Zufallskomponente aufweist, z. B. bei der visuellen Mustererkennung oder wenn der Lernalgorithmus mit einer unbegrenzten Anzahl von exakten Replikationen trainiert werden kann.

ML hat die Fähigkeit zum „Lernen" komplexer Spezifikationen, einschließlich nichtlinearer, hierarchischer und nicht-kontinuierliche Interaktionseffekte. Ökonometrische Modelle müssen im Fall von Nichtlinearitäten und Wechselwirkungen diese a priori unterstellen, während datengestützte Methoden die Dynamik direkt erfassen können.

Wirtschaftswissenschaften sind in Bezug auf ML kein einfaches Thema. Die Modellierung von Zeitreihen ist schwieriger als das Autofahren oder das Erkennen von Gesichtern. Die Preise von Finanzanlagen sind beispielsweise nichtlinear, dynamisch und chaotisch und somit schwer vorhersagbare Zeitreihen. Die numerische Leistung und die funktionale Flexibilität von ML kann sicherstellen, dass häufig ein Muster in den Daten gefunden wird, selbst wenn dieses Muster eher ein Zufall ist als das Ergebnis eines anhaltenden Phänomens. Insofern ist zu bedenken, dass die „Datenschnüffelei"[1] zu einer unbeabsichtigten Überbewertung der Ergebnisse führen kann.

Der größte Unterschied zwischen traditioneller Statistik und ML besteht aber in der Vorgehensweise bei der Modellerstellung. In der Statistik wird ein mathematisches Modell vom Benutzer erstellt. Die Bestimmung des vorherrschenden Ansatzes beruht auf dem zu lösenden Problem sowie auf empirischen Erkenntnissen, z. B. dem Umfang und der Vollständigkeit der Daten, der Anzahl der Variablen, den Annahmen oder deren Fehlen und den erwarteten Ergebnissen wie der Kausalität. Für ein statistisches Modell ist wichtig, wie die Daten erhoben wurden, welche statistische Eigenschaften der Schätzer (p-Wert, unverzerrte Schätzer) hat oder wie zugrunde liegenden Verteilung der Grundgesamtheit ausfällt. Die probabilistischen Grundlagen der Ökonometrie haben zweifellos ihre Stärke. Die Techniken ermöglichen nicht nur die Interpretation der Modelle, sondern auch die Quantifizierung der Unsicherheit.

Beim ML ist vor allem die Vorhersageleistung von Modellen hervorzuheben. Zu den wichtigsten Stärken von ML-Methoden gehört die Konzentration auf die Vorhersagbarkeit außerhalb der Stichprobe gegenüber der Varianzbeurteilung. Maschinelles Lernen erfordert weniger Annahmen über die zugrunde liegenden Beziehungen zwischen den Datenelementen. Es müssen keine Modellierungsentscheidungen und Annahmen im Voraus getroffen werden. Beim ML wird das Modell im Wesentlichen vom Algorithmus auf der Grundlage der verfügbaren Daten erstellt. Wir sprechen von datengesteuerten Analysen. Datengesteuerte Methoden sind relativ robust. Wenn historische Daten verrauscht sind (wie es zum Beispiel bei Finanzkrisen der Fall ist), besteht bei der Verwendung empirischer Modelle, die die Daten der Stichprobe überbewerten, die Gefahr, dass sie falsche Schätzungen liefern. Mit datengesteuerten Verfahren kann dieses Problem überwunden werden. Dennoch weisen Hewamalage et al. zu Recht darauf hin, dass die Konzepte der Vorhersageevaluierung häufig noch nicht zum Standardwissen

---

[1] Vgl. Stock und Watson (2017).

der ML-Forschenden gehören. Im Ergebnis kann dies zu falschen Schlussfolgerungen führen. Die Autorengruppe schließen eine wichtige Wissenslücke
zwischen den traditionellen Prognosemethoden und den aktuellen ML-Techniken,
indem sie wichtige Aspekte wir Nicht-Normalität und Nicht-Stationarität bei der
Prognoseauswertung erläutern.[2]

Um Ökonometrie und ML anzunähern, gibt es aktuell den Trend, die
jeweiligen Techniken der beiden Fachgebiete zu kombinieren. Solche hybriden
Ansätze, die reine algorithmische Techniken (keine spezifischen Annahmen über
den Datenerzeugungsprozess) und parametrische Regressionstechniken umfassen,
können Vorteile haben. Sie betten beispielsweise die Analyse in einen theoretischen Kontext ein. Auf diese Weise wird das Problem der Zuverlässigkeit des
Vorhersagemodells durch den Einsatz fortschrittlicher datengesteuerter Techniken
überwunden. Gleichzeitig können Variablen (z. B. Ausfallwahrscheinlichkeiten)
mit Hilfe von Standardregressionsverfahren (z. B. Logit) ermittelt werden. Solche
kombinierten Methoden sind beispielsweise GARCH-SVM[3]. Darüber hinaus ist
zu beobachten, wie ML-Techniken (z. B. Kreuzvalidierung) in die traditionellen
ökonometrischen Methoden übernommen werden.

Datenwissenschaftler und Ökonometriker sind oft uneins, wenn es darum geht,
den besten Ansatz zur Lösung einer analytischen ökonomischen Aufgabe zu finden. Statistische Modellierung und ML sind keine Gegensätze, sondern vielmehr
komplementäre Techniken, um zu Erkenntnissen zu gelangen. Die Wahl zwischen den Techniken hängt von dem zu lösenden Problem und den erforderlichen
Ergebnissen sowie von den verfügbaren Daten und den Umständen der Analyse
ab.[4] Es besteht die Herausforderung, das richtige Werkzeug für das richtige Pro-
jekt zu verwenden. Wirtschaftswissenschaftler sollten ausgewählte Techniken aus
beiden Bereichen in Betracht ziehen, da beide Arten von Methoden auf denselben
mathematischen Prinzipien beruhen. Sie verwenden lediglich unterschiedliche
Werkzeuge auf einer umfassenden analytischen Wissensbasis.[5] Wirtschaftswissenschaftler sollten sich sowohl mit der statistischen Modellierung als auch mit
ML und ihrer korrekten Anwendung auskennen. Das hier vorgestellte Basiswissen
bietet einer Ökonometrikerin oder einem Ökonometriker einige Informationen,
das quantitative Handwerkszeug zu erweitern.

---

[2] Vgl. Hewamalage et al. (2022).

[3] Vgl. Papadimitriou et al. (2022) oder Rayadurgam und Mangalagiri (2023).

[4] Vgl. Athey (2019).

[5] Vgl. Bzdok et al. (2018) sowie Carmichael und Marron (2018).

Was Sie aus diesem *essential* mitnehmen können

- Wie die Basismethoden des maschinellen Lernens funktionieren und was sie bezwecken
- Wie sich die Methoden des maschinellen Lernens von der Ökonometrie unterscheiden
- In welchen Bereichen maschinelles Lernen zur Anwendung kommt

S. Andrae, *Ökonometrie und maschinelles Lernen*, essentials, https://doi.org/10.1007/978-3-658-41362-0

Literatur

Akay EC, Soydan NTY, Gacar BK (2022) Bibliometric analysis of the published literature on machine learning in economics and econometrics. Social Network Analysis and Mining 12:109. https://doi.org/10.1007/s13278-022-00916-6

Atashbar T, Shi R (2022) Deep reinforcement learning: emerging trends in macroeconomics and future prospects. IMF Working Paper No 22/259. https://www.imf.org/en/Publicati ons/WP/Issues/2022/12/16/Deep-Reinforcement-Learning-Emerging-Trends-in-Macroe conomics-and-Future-Prospects-527008

Athey S (2019) The impact of machine learning on economics. In Agrawal A, Gans J, Goldfarb A (Hrsg) The economics of artificial intelligence: an agenda. Chicago: University of Chicago Press: 507–547. http://www.nber.org/chapters/c14009

Athey S, Imbens GW (2019) Machine learning methods that economists should know about. Annual Review of Economics 11:685–725. https://doi.org/10.1146/annurev-economics-080217-053433

Athey S, Imbens GW (2017) The state of applied econometrics: causality and policy evaluation. Journal of Economic Perspectives 31(2):3–32. https://doi.org/10.1257/jep.31.2.3

Athey S, Wager S (2020) Policy learning with observational data. arXiv. https://doi.org/10.48550/arXiv.1702.02896

Barbaglia L, Manzan S, Tosetti E (2021) Forecasting loan default in Europe with machine learning. Journal of Financial Econometrics: 1–28. https://doi.org/10.1093/jjfinec/nbab010

Bolhuis MA, Rayner B (2020) Deus ex machina? A framework for macro forecasting with machine learning. IMF Working Paper No 20/45. https://www.imf.org/en/Publications/WP/Issues/2020/02/28/Deus-ex-Machina-A-Framework-for-Macro-Forecasting-with-Machine-Learning-49094

Bzdok D, Altman N, Krzywinski M (2018) Statistics versus machine learning. Nature Methods 15:233–234. https://doi.org/10.1038/nmeth.4642

Bzdok D, Krzywinski M, Altman N (2017) Machine learning: a primer. Nature Methods 14(12):1119–1120. https://doi.org/10.1038/nmeth.4526

Carmichael I, Marron JS (2018) Data science vs. statistics: two cultures? Japanese Journal of Statistics and Data Science 1(1):117–138. https://doi.org/10.1007/s42081-018-0009-3

Charpentier A, Elie R, Remlinger C (2021) Reinforcement learning in economics and finance. Computational Economics. https://doi.org/10.1007/s10614-021-10119-4

S. Andrae, *Ökonometrie und maschinelles Lernen*, essentials, https://doi.org/10.1007/978-3-658-41362-0

Charpentier A, Flachaire E, Ly A (2018) Econometrics and machine learning: economics and statistics 505–506:147–169. https://doi.org/10.24187/ecostat.2018.505d.1970

Chen M et al (2023) Identifying Financial Crises Using Machine Learning on Textual Data. International Finance Discussion Papers. https://doi.org/10.17016/IFDP.2023.1374

Coulombe PG et al (2022) How is machine learning useful for macroeconomic forecasting? Journal of Applied Economics 37(5):920–964. https://doi.org/10.1002/jae.2910

Danninger, S (2022) Deep reinforcement learning: emerging trends in macroeconomics and future prospects. IMF Working Paper No 22/259. https://www.imf.org/en/Publications/WP/Issues/2022/12/16/Deep-Reinforcement-Learning-Emerging-Trends-in-Macroeconomics-and-Future-Prospects-527008

Davidson R, MacKinnon JG (2004) Econometric theory and methods. Oxford: Oxford University Press

DeGroot MH, Schervish MJ (2012) Probability and statistics. London: Pearson Education

Efron B, Hastie T (2016) Computer age statistical inference. Cambridge: Cambridge University Press

Greene W (2012) Econometric analysis. 7. Auflage. Boston, MA: Pearson Education

Hacibedel B, Qu R (2022) Understanding and predicting systemic corporate distress: a machine-learning approach. IMF Working Paper No 22/153. https://www.imf.org/en/Publications/WP/Issues/2022/07/28/Understanding-and-Predicting-Systemic-Corporate-Distress-A-Machine-Learning-Approach-521462

Heij C et al (2004) Econometric methods with applications in business and economics. Oxford: Oxford University Press

Hellwig KP (2021) Predicting fiscal crises: a machine learning approach. IMF Working Paper No 21/150. https://www.imf.org/en/Publications/WP/Issues/2021/05/27/Predicting-Fiscal-Crises-A-Machine-Learning-Approach-50234

Hewamalage H, Ackermann K, Bergmeir C (2022) Forecast evaluation for data scientists: common pitfalls and best practices. Data Mining and Knowledge Discovery. https://doi.org/10.1007/s10618-022-00894-5

Hill RC, Griffiths WE, Lim GC (2018) Principles of econometrics. Hoboken, NJ: John Wiley & Sons

Hoang D, Wiegratz, K (2023) Machine learning methods in finance: recent applications and prospects. European Financial Management. 1–45. https://doi.org/10.1111/eufm.12408

Hüllermeier E, Waegerman W (2021) Aleatoric and epistemic uncertainty in machine learning: an introduction to concepts and methods. Machine Learning 110:457–506. https://doi.org/10.1007/s10994-021-05946-3

Imbens GW (2022) Causality in econometrics: choice vs chance. Econometrica 90(6):2541–2566. https://doi.org/10.3982/ECTA21204

Jo T (2021) Machine learning foundations: supervised, unsupervised, and advanced learning. Cham: Springer. https://doi.org/10.1007/978-3-030-65900-4

Jung JK, Patnam M, Ter-Martirosyan A (2018) An algorithmic crystal ball: forecasts-based on machine learning. IMF Working Paper No 18/230. https://www.imf.org/en/Publications/WP/Issues/2018/11/01/An-Algorithmic-Crystal-Ball-Forecasts-based-on-Machine-Learning-46288

Kabran FB, Ünlü KD (2021) A two-step machine learning approach to predict S&P 500 bubbles. Journal of Applied Statistics 48:13–15:2776–2794. https://doi.org/10.1080/02664763.2020.1823947

Kapoor S, Narayanan A (2022) Leakage and the reproducibility crisis in ML-based science. arXiv:2207.07048. https://doi.org/10.48550/arXiv.2207.07048

Liu Y, Xie T (2019) Machine learning versus econometrics: prediction of box office. Applied Economcis Letters 26(2):124–130. https://doi.org/10.1080/13504851.2018.1441499

López de Prado M (2019) Beyond econometrics: a roadmap towards financial machine learning. https://ssrn.com/abstract=3365282

Makridakis S, Spiliotis E, Assimakopoulos V (2018) Statistical and machine learning forecasting methods: concerns and ways forward. PLoS ONE 13(3):e0194889. 9. https://doi.org/10.1371/journal.pone.0194889

McDonald DJ, Shalizi C (2022) Empirical macroeconomics and DSGE modeling in statistical perspective. arXiv. https://doi.org/10.48550/arXiv.2210.16224

Miric M, Jia N, Huang KG (2023) Using supervised machine learning for large-scale classification in management research: the case for identifying artificial intelligence patents. Strategic Management Journal 44(2):491–519. https://doi.org/10.1002/smj.3441

Mitchell, T (1997). Machine learning. McGraw Hill

Mullainathan S, Spiess J (2017) Machine learning: an applied econometric approach. Journal of Economic Perspectives 31(2):87–106

Murphy KP (2022) Probabilistic machine learning: an introduction. Cambridge, MA: The MIT Press

Papadimitriou T, Gogas P, Athanasiou AF (2022) Forecasting Bitcoin spikes: a GARCH-SVM approach. Forecasting 4:752–766. https://doi.org/10.3390/forecast4040041

Powell JL (2017) Identification and asymptotic approximations: three examples of progress in econometric theory. Journal of Economic Perspectives 31(2):107–124. https://doi.org/10.1257/jep.31.2.107

Rayadurgam VC, Mangalagiri J (2023) Does inclusion of GARCH variance in deep learning models improve financial contagion prediction? Finance Research Letters. https://doi.org/10.1016/j.frl.2023.103707

Rudolph KE et al (2022) All models are wrong, but which are useful? Comparing parametric and nonparametric estimation of causal effects in finite samples. arXiv. https://doi.org/10.48550/arXiv.2211.10310

Sofianos E, Gogas P, Papadimitriou T (2022) Mind the gap: forecasting euro-area output gaps with machine learning. Applied Economics Letters 29(19):1824–1828. https://doi.org/10.1080/13504851.2021.1963403

Stice-Lawrence, L (2022) Practical issues to consider when working with big data. Review of Accounting Studies 27:1117–1124. https://doi.org/10.1007/s11142-022-09708-x

Stock JH, Watson MW (2017) Twenty years of time series econometrics in ten pictures. Journal of Economic Perspectives 31(2):59–86. https://doi.org/10.1257/jep.31.2.59

Tiffin AJ (2019) Machine learning and causality: the impact of financial crises on growth. IMF Working Paper No 19/228. https://www.imf.org/en/Publications/WP/Issues/2019/11/01/Machine-Learning-and-Causality-The-Impact-of-Financial-Crises-on-Growth-48722

Tuan LQ, Lin CY, Teng HW (2023) Machine learning methods for predicting failures of US commercial bank. Applied Economics Letters. https://doi.org/10.1080/13504851.2023.2186353

Wooldridge JM (2010) Econometric analysis of cross section and panel data. 2. Aufl. Cambridge: MIT Press

Printed in the United States
by Baker & Taylor Publisher Services